Sylvia Löhken · Tom Peters
Begegnung im Gespräch

Sylvia Löhken
Tom Peters

BEGEGNUNG IM GESPRÄCH

Wie Sie mit Worten Beziehung gestalten

GABAL

Externe Links wurden bis zum Zeitpunkt der Drucklegung des Buches geprüft.
Auf etwaige Änderungen zu einem späteren Zeitpunkt hat der Verlag keinen Einfluss.
Eine Haftung des Verlags ist daher ausgeschlossen.

Bibliografische Information der Deutschen Nationalbibliothek

Die Deutsche Nationalbibliothek verzeichnet diese Publikation in der Deutschen Nationalbibliografie; detaillierte bibliografische Daten sind im Internet über http://dnb.d-nb.de abrufbar.

ISBN 978-3-86936-941-9

Lektorat: Anke Schild, Hamburg
Umschlaggestaltung: Martin Zech Design, Bremen | www.martinzech.de
Titelbild: Evdokimov-Maxim / Shutterstock
Autorenfotos: Schafgans DGPh, Bonn
Satz und Layout: Das Herstellungsbüro, Hamburg | www.buch-herstellungsbuero.de
Druck und Bindung: Salzland Druck, Staßfurt

Wir drucken in Deutschland.

www.gabal-verlag.de
www.facebook.com/Gabalbuecher
www.twitter.com/gabalbuecher

PEFC
PEFC/04-31-2251

PEFC zertifiziert
Dieses Produkt stammt aus nachhaltig bewirtschafteten Wäldern und kontrollierten Quellen.
www.pefc.de

Einleitung

One day you realized [...]
that you were more marvelous
in your simple wish to find a way
than the gilded roofs of any destination
you could reach.
David Whyte (2017)

Einleitung

Von Wortgebimmel und Sprachlosigkeit

»Ich halte dieses ständige Gequassel nicht mehr aus!«, stöhnt Katja Schmidt[1] in einer Coachingsitzung. Sie ist Führungskraft in einem mittelständischen Unternehmen, und im Coaching geht es eigentlich darum, ihre Wirkung in der Kommunikation zu gestalten. Und jetzt das.

Katja wird deutlicher. »Entweder geht es darum, etwas zu erreichen. Dann wird präsentiert, argumentiert, verhandelt. Dann ist das Business, Karrierebezogenes. Die Menschen wollen eben ihre Interessen vertreten. Oder sie quatschen einfach drauflos. Das ist dann meistens belangloses Zeug, Small Talk eben, Hauptsache, gute Stimmung und freundliches Kopfnicken. Wer gerade nicht redet, sieht aufs Smartphone. Ich verstehe ja, es geht um Beziehungen. Aber ich finde nicht, dass da wirklich Beziehungen entstehen. Das ist doch hohl. Und anstrengend ist es auch, dieses ganze Blabla!«

Katjas Klage hört sich im ersten Moment überzogen an. Wir können uns heute doch kinderleicht mit Menschen unserer Wahl über interessante Dinge austauschen. Wir haben in der digitalen Welt unendlich viele Möglichkeiten, um mit Menschen, Institutionen und Themen in Verbindung zu kommen, zu denen wir früher kaum Zugang gehabt hätten. Außerdem gibt es mehr Angebote als jemals zuvor, mit denen wir uns im Zweifel schlaumachen können, wie wir am besten mit anderen Menschen reden. Außerdem ist klar: Wir reden und reden und reden. Ständig. Unser demokratisch-gesellschaftliches Miteinander macht das möglich. Wir haben Kommunikationsräume, die wir eifrig nutzen: Denn wir wollen verstanden werden, unsere Meinung sagen, Informationen austauschen, uns ablenken oder einander unterhalten.

Reden allein macht aber noch keine Begegnung. Es ist die Qualität des Gesprächs, die darüber entscheidet, was zwischen Menschen passiert: Sie entscheidet darüber, wie wir uns miteinander fühlen, woran wir uns erinnern, wie wir zueinander stehen, was wir wissen – und ja, das intelligente, nahbare Gespräch ist sogar ein Karrierefaktor. Je mehr Verantwortung Menschen in ihren Berufen haben, desto mehr beruht ihr Erfolg auf gelungener Kommunikation. Je höher der Platz ist, den wir in einer Hierarchie einnehmen, desto mehr besteht unsere Aufgabe im Reden: mit dem Team, mit Kolleginnen und Kollegen, mit Vorgesetzten, Geschäftskontakten und Geldgebenden. Das ist doch gut, oder?

Doch Katja spricht etwas an, was viele von uns fühlen, aber nicht äußern. Viele Menschen spüren in der Kommunikation mit anderen ein Unbehagen. Die Gründe dafür sind ganz unterschiedlich, und wir werden in den nächsten Kapiteln näher auf sie sehen. Einer der Gründe kommt dagegen nicht vor: Es gibt Menschen, die haben einfach kein Interesse an echten Gesprächen. Da Sie zu dieser Gruppe nicht gehören (immerhin halten Sie ja dieses Buch in den Händen ☺), verzichten wir darauf, darüber zu schreiben. Sie gehören zu denjenigen, die um das Potenzial guter Gespräche wissen.

Bremsen und Chancen

Das Schöne an Gesprächen ist, dass sie ein Thema, eine Perspektive, ein Problem von mehreren Seiten beleuchten können. Insofern: Ja, es gibt Schwierigkeiten, die guten Gesprächen im Weg stehen. Doch gleichzeitig gibt es, wenn wir diese Hindernisse von einer anderen Seite betrachten, lauter gute Gründe, uns echte Begegnungen mit Worten (und zwischendurch auch ohne Worte) zu erlauben. Wir sehen sieben solcher doppelten Seiten: Gesprächsbremsen und Möglichkeiten, wenn wir es dennoch versuchen.

1. Da gibt es das Gefühl, dass ein »richtiges« Gespräch anstrengend ist – und unser Leben ist doch schon anstrengend genug. Am liebsten ist uns, wenn alles leicht geht. Und unsere Energie ist sowieso knapp.
   ▷ Dabei waren Gespräche immer schon da. Sie sind so alt wie die Menschheit. Und wenn wir uns näherkommen, weil wir miteinander reden, dann macht uns das glücklich.

2. Da gibt es den enormen Zeitdruck, der unser Leben heute ständig begleitet. Ein richtiges Gespräch kann Zeit in Anspruch nehmen. Und diese Zeit bringt kein messbares Ergebnis wie einen Abschluss, einen Applaus oder eine Umsatzsteigerung.
   ▷ Dabei bringen Gespräche Ruhe, äußere und innere, wenn wir Effizienzgedanken zur Seite schieben und uns auf eine geistige Entdeckungsreise im Dialog einlassen.

3. Da gibt es die ständige Ablenkung, die es uns schwer macht, bei einem Thema zu verweilen und uns auf unser Gegenüber zu konzentrieren. Über mobile Apparate aller Art rufen Textnachrichten, Erinnerungen und Anrufe ständig nach unserer Aufmerksamkeit. Hinzu kommen Eindrücke aus der Umwelt, die ständig und oft in hoher Dichte auf uns einstürmen, meist über unsere Augen und Ohren.
   ▷ Dabei kann ein Gespräch an die Stelle der wahllosen Zerstreuung das pure Leben setzen: eine unmittelbare Begegnung ohne Display, einen echten Kontakt ohne Bildschirm, Freude statt Fahrigkeit.

4. Da gibt es die Vorsicht, um Komplexes lieber einen Bogen zu machen. Wir haben genug damit zu tun, uns in unseren Fachgebieten und Berufen auf dem aktuellen Wissensstand zu halten. Die großen Themen und Probleme dieser Welt erscheinen uns so unüberschaubar kompliziert, dass wir dann doch lieber über das Wetter reden. Oder vielleicht über Sport und Feiertage.
   ▷ Dabei bringt ein gemeinsames Ringen um einen Standpunkt, der Vergleich unterschiedlicher Haltungen, etwas Unvergleichliches: eigenes Wachstum und persönliche Entwicklung.

5. Da gibt es die Angst, dass wir anecken, es anderen schwer machen oder unser Gegenüber sogar brüskieren, wenn wir etwas sagen, was über Floskeln und Einvernehmliches hinausgeht. Bestimmte Themen erscheinen uns wie vermintes Gelände. Denken Sie zum Beispiel einmal an Vollverschleierung, den Syrienkonflikt, Gleichberechtigung oder die Legalisierung von Drogen. Wer zu solchen Themen eine Meinung kundtut, landet allzu leicht in einer Schublade: links oder rechts und schlimmstenfalls naiv oder schlicht. Und wer nichts sagt, kann also viel weniger falsch machen.
▷ Dabei kann eine eigene Haltung wie ein Bollwerk sein: gegen die Vereinnahmung oder Manipulation, gegen Bevormundung und Gleichgültigkeit.

6. Da gibt es die Sprachlosigkeit, die uns manchmal ergreift, wenn wir mit Menschen reden sollen, die ganz anders sind als wir. Die Unterschiede können in der Herkunftskultur liegen, in der sozialen Zugehörigkeit, im Alter oder schlicht in dem, was wir für richtig halten. Wenn ein Altlinker und eine Pegida-Anhängerin ein echtes Gespräch führen können, ist das eine große Leistung.
▷ Dabei bauen wir im Gespräch etwas, was reine Information ebenso wenig schafft wie belangloses Geplänkel: Brücken. Und damit Verständnis und Toleranz für das, was wir am anderen Ende dieser Brücken finden.

7. Da gibt es die Verletzlichkeit, die wir spüren, wenn wir über Themen reden, die uns persönlich berühren. Oder mit denen wir uns herumtragen, weil wir vieles nicht beantworten können, was uns umtreibt. Was passiert, wenn andere sehen, dass wir nicht allwissend und abgeklärt sind?
▷ Dabei wird uns im Gespräch deutlich, dass wir nicht allein sind – und dass uns die Gruppe tragen kann. Gespräche können ein großes Wir schaffen.

Sie sehen: Es gibt ganz verschiedene Blockaden auf dem Weg zu echten Begegnungen im Gespräch. Und ebenso viele Chancen und Einladungen. Wahrscheinlich haben Sie eine solche Liste noch nie gesehen. Wir auch nicht, und das ist kein Wunder. Es gibt kaum Gelegenheiten, zu lernen, wie wir uns von Mensch zu Mensch tatsächlich begegnen und berühren. Small-Talk-Seminare, Präsentations-, Konflikt- und

Verhandlungsworkshops gibt es dagegen reichlich. Das war früher übrigens anders: Zur Ausbildung eines gebildeten Menschen gehörte es, sich in echter Konversation zu üben und ihre Grundlagen zu lernen.

Ein Buchgespräch

Dieses Buch schließt also eine Lücke. Schritt für Schritt erfahren Sie, wo mögliche Hürden für Ihr eigenes Gespräch liegen. Die Kapitel entsprechen ungefähr den soeben dargestellten kritischen Punkten. Sie werden Lösungen entwickeln, Möglichkeiten und Chancen sehen, Strategien zu nutzen lernen und Versuche wagen (hoffentlich!).

Der Text gliedert sich in drei Teile. Teil I zeigt in drei Kapiteln, wie wir selbst Gesprächsrahmen und Gesprächsthemen gestalten und entwickeln können. Teil II bringt Licht in das, was in uns vorgeht, wenn wir mit anderen reden – und welche Möglichkeiten wir haben, mit Angst und Distanz umzugehen und zu »echten« Themen zu kommen. Teil III ist sozusagen die Kür: Sie finden dort ein buntes Buffet unterschiedlicher Begegnungen mit realen Menschen. Wir wollen mit diesem Teil illustrieren, wie spannend die Umsetzung aus den ersten beiden Teilen ist. Und Freude macht sie auch!

Wenn Sie beim Lesen genau hinsehen, werden Sie merken, dass die Worte, die Sie lesen, ebenfalls die Folgen einer Begegnung im Gespräch sind: im dritten Teil ohnehin, weil Sie dort Gesprächspraxis »in freier Wildbahn« miterleben oder Zugang zu ihr bekommen. Doch auch dieses gesamte Buch ist die Folge eines Gesprächs, das wir schon lange miteinander führen. Wir haben jeweils unsere eigene Sprache und unseren eigenen Zugang zum Thema beibehalten, damit Sie am Wechsel merken: Da denken und schreiben zwei Menschen – und dabei entsteht etwas ganz Neues. Wir laden Sie herzlich ein, Ihre eigene Stimme zu entdecken. Nutzen Sie alles, was Ihnen persönlich entspricht!

Auch Katja Schmidt hat sich auf den Weg begeben. Sie hat beschlossen, sich ihr ganz eigenes Gegengewicht zum täglichen Geschwafel zu schaffen, und ist inzwischen aktives Mitglied eines Buchklubs, der ausschließlich kontroverse Werke liest. Von den meisten Abenden in ihrer neuen Runde kommt sie mit blitzenden Augen und hochroten Wangen zurück …

Wir haben während der Arbeit an diesem Buch viele außergewöhnliche Begegnungen im Gespräch erlebt. Wobei es gar nicht immer die großen Weltthemen sind, die diese Situationen herbeiführen: Manchmal sind es kleine Gespräche über kleine Dinge, die sehr besonders sein können. Jeder echte Austausch, groß oder klein, kann uns helfen, ein etwas anderer Mensch zu werden. Deshalb werden wir Sie zwischendurch immer wieder zu Experimenten und Wagnissen einladen, damit Sie genau das selbst erfahren können.[2] Je mehr Sie davon in Ihrem eigenen Leben ausprobieren, umso lebendiger und schöner werden – das ist unsere Hoffnung – auch Ihre Gespräche.

Viele freudige, außergewöhnliche und spannende Begegnungen wünschen Ihnen

TEIL I

Einladung zum Gespräch

Tom Peters, onde, Chinatusche auf Karton (Waldtaubenfeder), 2017

1. Von der Anstrengung zur Leichtigkeit

Wir sind nie vereinzelt; wir sind eine Konversation.
(Original: We are never one thing; we are a conversation; eigene Übersetzung)
David Whyte (2012)

Gespräche sind Lebensqualität: Sie machen glücklich und sind alt wie die Menschheit. Alles, was wir brauchen, ist schon da – es ist nur freizulegen!

Was wir tun, wenn wir reden

In einem Artikel über den Berliner Flughafenbus TXL beschreibt Tobias Rüther unter anderem ein Gespräch zwischen zwei sich bis dahin fremden Frauen:

»Einmal saßen zwei ältere Damen im hinteren Teil des Busses nebeneinander. Die eine beugte sich vor und fragte, ob die nächste Station denn der Hauptbahnhof sei? ›Thank you, my dear‹, sagte sie dann und seufzte, ihr Englisch klang warm und träge wie der amerikanische Süden. ›Ich steige auch am Hauptbahnhof aus, ich nehme Sie dann einfach mit‹, sagte da die Dame auf dem Platz neben ihr, und deren Englisch [...] klang wie aus einem Film von Aki Kaurismäki. ›Woher sind Sie denn?‹, fragte die Amerikanerin. ›Aus Finnland‹, sagte die Finnin, und dann unterhielten die beiden sich darüber, dass die Amerikanerin aus Texas sei und zum ersten Mal in ihrem Leben in Europa und dass sie am Hauptbahnhof in einen Zug nach Polen steigen würde, um dort ihre Verwandtschaft zu besuchen, und dann fragte die Texanerin, woher genau denn in Finnland die Finnin sei, und die Finnin nannte den Namen ihrer kleinen Stadt hoch im Norden, und der klang wiederum wie ein Filmtitel von Aki Kaurismäki im Original. […] Schließlich stiegen sie gemeinsam aus und zogen ihre Koffer Seite an Seite hinter sich her.« (Rüther 2018)

Wir Menschen sind erstaunliche Geschöpfe. Wir treffen uns als Fremde, tauschen uns mit Gesten, Worten und Tonlagen aus – und dann haben wir einen Eindruck davon, ob wir einander trauen können oder nicht. Die Sprache prägt unsere Beziehungen: die zwischen Eltern und Kindern, zwischen Freunden, Verwandten, Kolleginnen und Kollegen und auch die zwischen Fremden.

Tiere haben ebenfalls Sprache. Wir kennen Schreie, Grunzen, Miauen, Bellen, Wiehern. Doch die menschliche Kommunikation ist einzigartig. Tiere können sich vor einem gefährlichen Raubtier warnen. Ein Mensch kann einem anderen erzählen, dass er beim Waschen am Fluss ein merkwürdiges Raubtier bemerkt hat; eines, das er noch nie gesehen hat. Er kann den Ort und den Weg zu diesem Ort beschreiben, auch das Aussehen des seltsamen Tieres. Er kann über die Angst reden, die ihn gepackt hat, als er ihm plötzlich gegenüberstand. Und er kann mit seinem Stamm beraten, was zu tun ist, damit das Dorf vor gefährlichen Tieren besser geschützt ist.

Über die Sprache können wir große Mengen an Informationen und unglaublich komplexe Zusammenhänge verarbeiten und weitergeben, also teilen. Das bietet uns in unseren Beziehungen Entwicklungsmöglichkeiten, die auch hoch entwickelte Säugetiere nicht haben:

Wir denken gemeinsam, indem wir miteinander reden.

Wir legen unsere Leistungsvermögen zusammen, indem wir uns über Sprache verständigen. Dadurch schaffen wir einzigartige Dinge: Wir können Hochhäuser bauen, Theorien entwickeln, Kochrezepte weitergeben, die Zukunft beschreiben.

Wozu wir mit Sprache fähig sind, das zeigen in einem einfachen Gespräch die beiden Frauen, die wir am Anfang des Kapitels belauscht haben. Sie treffen sich unterwegs, auf Reisen in einem deutschen Ballungsgebiet, in dem sie beide fremd sind. Die eine kommt aus den amerikanischen Südstaaten, die andere aus dem Norden Finnlands. Den großen Abstand zwischen ihren Lebenswelten überbrücken sie mit einem Austausch in Englisch, der Sprache, die in der westlichen Welt am wahrscheinlichsten eine Verständigung ermöglicht. Sehen wir einmal en détail hin: Was genau passiert in dieser Begegnung, die mit diesem kleinen Dialog beginnt?

1. Die Redenden tauschen Informationen aus

Ist das der richtige Weg zum Hauptbahnhof? Ja! Mühelos wandert das Wissen zu einer weiteren Person und wird geteilt. Das spart die womöglich mühsame eigene Orientierung in einer unbekannten Umgebung.

Über gesprochene und geschriebene Sprache lernen wir, ohne Erfahrungen unbedingt selbst machen zu müssen. Wir können einfach anderen folgen, die sie bereits hinter sich und womöglich sogar ausgewertet haben. Schnell und leicht sichern und teilen wir Erkenntnisse über Wissensgebiete und neue Welten, die wir uns erschließen. Das gibt uns Zeit und Raum, um uns ungelösten Fragen zu widmen. Aller menschliche Fortschritt – im Leben des Einzelnen und gesellschaftlich – ist nur über sprachliche Vermittlung von Bestehendem und Neuem vorstellbar.

2. Das Gespräch schafft Sicherheit

Die beiden Frauen sind im Transit und somit verletzlicher als in ihrem heimischen Umfeld. Die Amerikanerin wird in der unbekannten Umgebung sanft aufgefangen: Eine nicht weiter erwähnte Person vor ihr bestätigt ihr, dass sie auf dem richtigen Weg ist. Ihre finnische Sitznachbarin bietet ihr an, sie persönlich zu begleiten. Der Effekt: Da, wo vorher Unsicherheit war, ist eine doppelte Sicherheit entstanden – über Worte vermittelt. Über die Signale, die sich die beiden senden, wird deutlich: Sie können sich vertrauen. Also vermutet die Amerikanerin, dass die Finnin sie tatsächlich zum Hauptbahnhof lotsen wird (und nicht etwa in eine dunkle Ecke der Stadt, um sie in Ruhe auszuplündern).

Wenn wir miteinander reden, macht das die Unwägbarkeiten des Lebens ein wenig berechenbarer.

3. Das Gespräch macht die Redenden stärker und effektiver

Die Finnin und die Amerikanerin haben mit ihrem Austausch eine neue Gemeinschaft gebildet: die der beiden Zum-Hauptbahnhof-Reisenden. Sie koordinieren sich. Und sind zu zweit stärker als allein. Indem sie sich helfen, sich Zeit und Gehör, Aufmerksamkeit und Unterstützung schenken, bekommen sie beide Vorteile, die sie allein nicht hätten.

Gemeinsames Überlegen, das Zusammenrücken im Reden darüber und das darauffolgende Handeln machen uns stark. Mit Sprache können wir leicht kooperieren. Menschen, die sich noch nie begegnet sind, können in kürzester Zeit etwas gemeinsam bewirken, und zwar viel mehr als dort, wo sie auf sich allein gestellt sind. Sprache macht also erfolgreich – und uns Menschen ziemlich einzigartig. Über die Entwicklung der Sprache vor ca. 70 000 Jahren wurde dann auch das gemeinsame Jagen oder das Miteinander in größeren Gemeinschaften möglich: mit entsprechend größeren Resultaten. Nicht mehr ein Büffel wurde getötet, sondern eine ganze Büffelherde in einen Talkessel getrieben. Fundstellen für Früchte und Pilze konnten ebenso beschrieben werden wie eine Bärenhöhle in der Nähe.

Informationen aller Art konnten ausführlich geteilt und im Anschluss Strategien entwickelt und koordiniert werden. Das konnten Warnungen sein, Lösungen für Probleme, Hinweise auf Gefahren oder das Verhalten von Gruppenmitgliedern. Durch das Teilen von Wissen wurden Überleben und Fortpflanzung einfacher.

All dies ist gleich geblieben, seit wir mit dem Reden begannen. Neue Gemeinschaften brauchen selbst in digitalen Zeiten Raum und Gespräche, um zu wachsen. Wenn sich etwa durch Heirat zwei zuvor fremde Familien näherkommen, geschieht das dadurch, dass die Familienmitglieder mit den Menschen der anderen Familie zu reden beginnen.

Ein neues Projektteam braucht Begegnungen mit Worten, um zusammenzuwachsen. Auch die Gemeinschaft von Freunden oder Verwandten gewinnt erst durch das Gespräch an Substanz. Das Gleiche gilt für religiöse, politische, kulturelle und weltanschauliche Kreise bis hin zu sehr bodenständigen Gemeinschaften mit sehr konkreten Anliegen (z. B. Schrebergartenvereine ☺). Ein formales Miteinander ersetzt niemals die echte Begegnung. Und die passiert immer im Gespräch.

4. Es entsteht glückliche Nähe

Nachdem die ursprüngliche Frage – der Weg – geklärt ist, tauschen die beiden Frauen persönliche Informationen aus. Das Gespräch bewegt sich über das Problem (Wo ist der Hauptbahnhof?) hinaus. Denn die Frauen gehen nun zu persönlichen Fragen über: Woher kommen Sie? Wohin reisen Sie? Warum? Die beiden nähern sich über diesen freundlichen Austausch einander an und gehen mit dem Teilen von Informationen aus ihrem Leben vorsichtig weiter. Das bereits im Ansatz entstandene Vertrauen vertieft sich.

Das Gespräch bringt uns in Gemeinschaft, und Gemeinschaft tut uns gut. Im besten Fall spüren wir, dass wir bei anderen auf Resonanz stoßen, dass etwas zwischen ihnen und uns passiert. Wir vertrauen uns Persönliches an: die Verwandtschaft in Polen in unserem Beispiel, aber auch Themen, die das Menschsein schon immer begleitet haben: Schwangerschaft und Geburt, Krankheit, Liebe, Tod, das Aufziehen und Gedeihen des Nachwuchses. Befürchtungen und Hoffnungen, Erlebtes und Erfundenes, Skandalöses über die benachbarte Horde. Das Wir-Gefühl, das im Gespräch entsteht, schickt uns eine schöne Botschaft: Wir sind nicht allein auf der Welt. Früher saßen wir abends um ein Feuer und tauschten uns über uns und die Welt aus. Und damals wie heute gilt: Gespräche wärmen uns. Sie geben uns das Gefühl: Anderen ist unser Wohl wichtig. Darüber hinaus macht es uns auch glücklich, wenn wir im Gespräch am Schicksal anderer Anteil nehmen: Wer sich um Mitmenschen kümmert, dem oder der geht es selbst besser. Nicht nur der Amerikanerin geht es durch die aktive Unterstützung besser als vor dem Gespräch, sondern auch der spontan helfenden Finnin.

Das kann sehr nachhaltig wirken, wie sich solide wissenschaftlich beweisen lässt – zum Beispiel anhand der Ergebnisse der Grant-Studie. Dies ist die größte und weltweit älteste Studie zu Langlebigkeit und Lebensqualität und kombiniert seit über 80 Jahren medizinische, psychologische und soziologische Daten über 268 Harvard-Absolventen der Abschlussjahrgänge 1939 bis 1944. Aus den Informationen lassen sich sehr konkret Hinweise ableiten, die ein erfülltes, gelungenes Leben wahrscheinlicher machen.[3] Einer davon lautet: Pflegen Sie Ihre Kontakte zu anderen Menschen und bauen Sie ein funktionierendes soziales Netz auf. Gestalten Sie vertrauensvolle Bindungen zu anderen Menschen. Die Menschen, mit denen wir zu tun haben, so bestätigten auch die Wissenschaftler der vergleichbaren Terman-Studie[4], entscheiden wesentlich über unsere Gesundheit und unser Wohlergehen mit. Ihnen zufolge ist es der stärkste Faktor für ein langes, gutes Leben. Die Wissenschaft ist sich also ziemlich einig: Die Begegnung mit unseren Mitmenschen, und natürlich auch die im Gespräch, kann Ihr Leben verlängern und verschönern.

5. Das Gespräch klärt Machtverhältnisse und Rangfolgen

In dem beschriebenen Gespräch ist kein Machtkampf zu spüren. Er wäre aber denkbar. Die Finnin könnte ihrem Angebot über den Tonfall einen Hauch von Herablassung verleihen. Die Amerikanerin könnte sich divenhaft so bewegen, dass die Botschaft lauten würde: Ich habe eben überall mein Personal!

Der Blick auf die Statusklärung zwischen Menschen ist wichtig. Denn über sprachliche Signale klären wir: Wer ist die überlegene Person? Wessen Wort hat Gewicht? Wer ist so stark, dass wir auf ihn oder sie hören sollten, wenn es plötzlich gefährlich wird?

Selbst wenn Ihnen diese Funktion der Sprache auch eher unangenehm erscheint: Sie ist ebenso überlebenswichtig wie das Schaffen von Sicherheit oder die Stärke, die in der Gemeinschaft liegt. Denn wenn wir geklärt haben, wer den Vorrang hat, haben wir auch die Person gefunden, von der wir in Krisenfällen Hilfe erwarten dürfen. Wer stark ist, der bekommt in Gemeinschaften mehr Ressourcen (z. B. mehr Essen), aber auch mehr Verantwortung: Er oder sie hält im Ernstfall den Kopf hin und soll das Fortbestehen der Gruppe sichern. Das kann ein

Machtwort sein, wenn es Konflikte im »Rudel« gibt, aber es kann auch bedeuten, sich mit eher feindlichen Außenstehenden auseinanderzusetzen, wenn die eigene Gruppe bedroht ist. Oder blitzschnell zu reagieren und Ansagen zu machen, wenn im Wohnbereich ein Feuer ausbricht …

Der Kommunikationsprofi Michael Rossié zeigt in einem Video sehr anschaulich, wie Körper und Stimme die Aussage beeinflussen: https://www.youtube.com/watch?v=z0wIvTO62EE.

Das Klären von Status geschieht dabei nicht nur über das, was wir sagen. Auch *wie* wir etwas sagen, ist wichtig. Der Tonfall, die Körperhaltung, die Art unserer Bewegung, unsere Mimik: All dies gehört zur Sprache dazu und wirkt in Gesprächen ebenso stark wie der Inhalt. Dazu erfahren Sie im sechsten Kapitel mehr.

6. Das Gespräch bringt Entwicklung

Das Gespräch zwischen der Finnin und der Amerikanerin schafft neue Spielräume. Es gibt auf einmal Möglichkeiten: Die eine kann auf den Koffer der anderen aufpassen. Die Amerikanerin kann der Finnin einen Kaffee bei Barcomi's empfehlen, wo es original amerikanischen Käsekuchen gibt. Die beiden können die politische Situation in Polen und Deutschland erörtern oder die Geschichte ihrer Familien vergleichen. Dabei könnte die Finnin einen neuen Blick auf amerikanische Juden mit osteuropäischem Hintergrund bekommen und die Amerikanerin eine frische Perspektive auf die Nachbarschaft von Russland und Nordeuropa.

In einem echten Gespräch liegt eine große kreative Kraft. Fremde, die zu unterschiedlichen Generationen, Kulturen, Wertesystemen oder Persönlichkeitstypen gehören, teilen Perspektiven. Gemeinsam lassen sich Standpunkte vergleichen und weiterentwickeln, Informationen auf neue Art zusammenbinden und Lücken füllen. Und in den besten Gesprächen verändern wir uns auch selbst: weil wir unsere Standpunkte hinterfragen, andere Meinungen verstehen und uns von Unerwartetem berühren lassen. Weil wir Anregungen aufgreifen und sie später in unseren Gedanken oder unserem Tun weiterentwickeln. Weil wir unser begrenztes Wissen ein Stück erweitern, eine neue Erfahrung machen oder – gemeinsam mit anderen – Ideen für unser Tun entwickeln. Und all dies macht Freude.

Im dritten Teil dieses Buches können Sie diese Freude konkret miterleben: in einem langen Gespräch zwischen einer jungen Frau und einem alten Herrn, das wir (auch unsererseits mit viel Vergnügen) vermittelt und begleitet haben.

Small Talk und Personal Talk: Wie wir uns begegnen

Sie werden im Verlauf dieses Buches sehen: Begegnungen sind in den verschiedensten Formen und in unterschiedlicher Intensität möglich. Es gibt sehr viele Arten, Gespräche und Begegnungen zu gestalten. Alle haben sie ihre Berechtigung. Berufliche und Fachgespräche lassen wir außen vor, denn dort stehen sehr spezifische Sachinhalte und konkrete Ziele im Vordergrund. Wir sehen lieber auf das, was zwischen Menschen passiert: auf der Beziehungsebene und bei der gemeinsamen Entwicklung eines Themas.[5] Wir gehen von vier Formen des Gesprächs – Small Talk, Personal Talk, Klatsch und Big Talk – aus.[6] Jede Ebene bietet dabei besondere Möglichkeiten, und oft haben Menschen ihre Lieblingsformen und bestimmte Gruppen ihre Rituale, etwa der Klatsch am Männerstammtisch oder das Ringen um Erkenntnis im Lesezirkel. Und eine Ebene, der Big Talk, ermöglicht auch eine Begegnung, wenn das Thema selbst im Vordergrund steht.

Die Qualität eines Gesprächs hängt nicht von seiner Länge ab.

Bevor es losgeht, eine wichtige Information, die für alle Gesprächsformen gilt, die Sie gleich näher kennenlernen: Es kommt nicht auf die Länge an! Es gibt Begegnungen im Gespräch, die nur wenige Worte haben. Und es gibt sehr lange Gespräche, in denen nichts Besonderes an Begegnung passiert, einmal abgesehen von der gemeinsam verbrachten Zeit. Sie werden in diesem Buch ganz verschiedene Längen finden. Allerdings wissen die Beteiligten meistens nicht, wie lang ihr Austausch wird. In gewisser Weise hat ein echter Austausch so etwas wie ein offenes Ende: einen Entwicklungsspielraum, der zur Fortsetzung einlädt.

Auf allen vier Ebenen, die wir jetzt ansehen, sind Begegnungen möglich. Beginnen wir nun mit der Gesprächsform, die am Anfang der allermeisten Begegnungen steht: dem Small Talk. Sie hat bei Menschen wie Katja, der Sie in der Einleitung begegnet sind, einen miesen Ruf. Sehen wir also einmal genauer hin.

Small Talk – geliebt und verabscheut

In der Seminarpause

A: *Oh, das sieht aber lecker aus!*

B: *Ja, das stimmt. Ob das vegan ist?*

Sie lasen soeben einen Klassiker des »kleinen Gesprächs«: einen Small Talk. Damit ist ein Gespräch gemeint, in dem nicht das Thema im Vordergrund steht, sondern das *Miteinander über Worte* – also die Beziehungsebene. Ein gelungener Small Talk ermöglicht es den Redenden, sich gegenseitig einzuschätzen, während sie (noch) vorsichtig sind: Es ist noch kein grundsätzliches Vertrauen da, weil noch keine Erfahrungen vorliegen. Manchmal wollen die Redenden Vertrauen wieder aufbauen, weil das bisherige erschüttert oder enttäuscht wurde. Oder es dient einfach der Vergewisserung: Wir kennen unser Gegenüber und reden über Belangloses. Damit versichern wir uns: Wir sind im Miteinander. Eine Multizweck-Gesprächsform also, das kleine Gespräch.

Der Small Talk ist für menschliche Bindungen ungemein wichtig. Er ist in seiner Funktion eigentlich eine Art – halten Sie sich fest – des »Lausens«! Unsere nahen Verwandten, die Primaten, entfernen sich bei diesem Tun gegenseitig knusprige Parasiten. In biologischen Fachkreisen heißt das »Grooming«. Alle Primaten, die in den Genuss dieser Fellpflege kommen, schätzen sie. Dabei ist sie nicht nur zum Entfernen von Kleintieren da. Sie schafft vor allem auch Verbindungen zwischen den Tieren, verhindert Spannungen, vertieft Beziehungen und sorgt für gute Stimmung. Das heißt: Es wird aus guten Gründen auch dann ausgiebig gelaust, wenn es gar keine Läuse gibt.

Mit dem Small Talk ist es ganz ähnlich. Der Zoologe und Verhaltensforscher Desmond Morris (Morris 1968, S. 193) nennt den Small Talk schon in den sechziger Jahren des letzten Jahrhunderts »Putzsprechen« oder (im Original) »Grooming Talk«:

»Beim Putzsprechen geht es weder um den Austausch von Informationen oder von Gedanken, noch wird die wahre Stimmung des Sprechers mitgeteilt, und ein ästhetisches Vergnügen ist es schon gar nicht. Seine Funktion ist einzig und allein die, das begrüßende Lächeln zu verstärken und das soziale Beieinander aufrechtzuerhalten. Es ist unser Ersatz für die soziale Körperpflege. Es bietet uns Gelegenheit zur nichtaggressiven sozialen Beschäftigung, zu gegenseitigem Näherkommen [...] und damit zum Herstellen neuer Beziehungen und zum Vertiefen bereits bestehender Bekanntschaften und Freundschaften.«

Auf der Small-Talk-Ebene hört sich das soziale Lausen dann zum Beispiel so an:

Auf dem Sommerfest
A: *Das ist ja ein cooles Kleid.*
B: *Och. Das ist aber schon ein paar Jahre alt.*
A: *Aber der Schnitt und die Farbe – einfach schön! Steht Ihnen sehr gut.*
B (lächelt): *Danke. – Wissen Sie schon, wann das große Geschenk übergeben werden soll?*

Vielen Menschen fällt der Small Talk schwer – insbesondere solchen Menschen, die gern über substanzreichere Themen reden. Gerade Introvertierte, die gern gründlich nachdenken und soziale Scharaden nicht schätzen, mögen diese Art Kommunikation nicht. Sie empfinden das »soziale Lausen« als langweilig, weil sie sich ein Thema wünschen, das sie tatsächlich interessiert. Einige kommen sich sogar ein wenig heuchlerisch vor: Das Thema ist ja nur scheinbar wichtig und das Eigentliche ist eben der Kontakt. Das Thema ist dabei, um im Bild zu bleiben, nur die Laus, die im Fell gar nicht nötig ist, scheinbar aber das Ziel der Kommunikation ist.

Wenn Sie den Small Talk als Grooming Talk verstehen, dann sehen Sie seinen eigentlichen Wert. Sie wissen, was Sie von ihm erwarten dürfen – und was eben nicht.

Der Kontakt und damit die Beziehung selbst sind bei einer ersten Begegnung kein gutes Thema. Wir brauchen dann den Small Talk.

In unserer Kultur können wir bei einer Begegnung mit wenig bekannten Menschen in der Regel nicht darüber reden, wie wir uns die Beziehung zum anderen wünschen. Das ist fast ein Tabu, eben weil noch Vertrauen fehlt. Wir können also nicht sagen: »Mechthild Meier mein Name, wollen wir mal sehen, ob wir eine positive Beziehung aufbauen und uns einigermaßen vertrauen können?«

Ebenso wenig ist es angemessen, das Gegenüber anzusprechen und ein Themenangebot mit Hinweis auf die Funktion zu machen: »Hallo, wir kennen uns noch nicht. Wollen Sie lieber über das Wetter oder über das Buffet reden? Dann können wir uns so weit beschnuppern, dass wir einen ersten Eindruck voneinander bekommen.«

Sie können aber durchaus die Begegnung selbst ansprechen, anstatt krampfhaft nach irgendeinem Thema zu suchen. So ist es meist kein Problem, dem Gegenüber auch bei einer Erstbegegnung zu sagen: »Wie schön, dass wir uns begegnen. Ich will Sie schon so lange persönlich kennenlernen.« Ein solcher Gesprächsbeginn kommt als Wertschätzung an (wenn er nicht gerade von ölig-fieser Intonation begleitet wird).

Der Small Talk ist in diesem Buch nicht unser Kernthema; wir wollen ja auf echte Begegnungen hinaus. Dennoch ist er nicht zu unterschätzen. Er schafft etwas sehr Wichtiges: eine erste Sicherheit im Umgang miteinander. Ein Mensch, mit dem ich barrierefrei über das Angebot am Buffet reden kann, ist zumindest schon einmal ein Kandidat für weitere Gespräche. Die Körpersignale und die Tönung der Stimme ergänzen den Eindruck: Mein Gegenüber »tickt« richtig und bedeutet in der Kommunikation kein Risiko.

Wenn Sie Gegenbeispiele brauchen: Schauen Sie doch einmal (Michael) Kesslers Knigge an, zum Beispiel auf https://www.youtube.com/channel/UCMXoV2beeTnTGwWrjVEnX0w.

Small Talk ist also gar nicht so schlimm: Er schafft eine Basis, erhöht die Sicherheit und öffnet Räume für mehr. In gewisser Weise ist er wie Gummibärchen: wenig nahrhaft, massenkompatibel und in seiner Qualität vorhersagbar mittelmäßig. Immerhin kann er lustig werden, wenn die Beteiligten Sinn für Humor haben und ihn nutzen – etwa, um absurde Zusammenhänge zu bilden.

A: *Hey, immer wenn wir uns sehen, regnet es. Wie machen Sie das?*
B: *Das könnte ich Sie umgekehrt auch fragen.*
A: *Was wir so schaffen … Gemeinsam könnten wir sehr reich werden!*

Dennoch stößt der Small Talk an seine Grenzen. Je besser sich Menschen kennen, je mehr sie sich aufeinander zuzugehen trauen, umso weniger »nahrhaft« ist der Small Talk. Dann dürfen im Gespräch die Menschen und die Inhalte in den Vordergrund treten. Es wird interessant. Manchmal geschieht dies erstaunlich schnell: im Personal Talk.

Personal Talk – Begegnung für Fortgeschrittene

Sommer 2018: Am Bonner Markt (1)
Unsere Freundin Sabine: *Entschuldigung, darf ich Sie etwas fragen?*
Ältere Unbekannte (unsicher): *Ja?*
S: *Ich sehe Sie hier öfter, und Sie wirken so anders als die Menschen, die sonst hier um Geld bitten. Was ist Ihnen denn passiert?*
U (sieht auf ihre Füße): *Mein Mann ist gestorben. Und meine Rente ist so niedrig.*
S (setzt sich vorsichtig neben U): *Und deshalb sind Sie jetzt hier.*
U: *Ja.*
S: *Das stelle ich mir ganz schwer vor.*
U: *Hmm.*
S: *Wenn Ihre Rente so niedrig ist …* (Pause)
U: *Ja, sehr niedrig.*
S: *Ich glaube, das Sozialamt kann da helfen. Da gibt es Aufstockungen.*
U: *Oh, das Sozialamt. Ja, vielleicht müsste ich dann …*
S: *Ich kenne mich da nicht so gut aus. Ich weiß nur: Es gibt ganz sicher Beratungen.*
U (etwas ängstlich): *Dann muss ich da mal hingehen.*
S: *Haben Sie einen Computer mit Internet?*
U: *Nein. Nein.*

S: *Wenn Sie mögen, kann ich bis morgen mal nachforschen. Dann wissen wir genau, wo Sie Hilfe bekommen.*
U: *Oh. Aber Sie müssen das nicht tun.*
S: *Es ist viel leichter, wenn Sie wissen, wohin Sie gehen und wer da ist. Mir würde das jedenfalls schwerfallen, einfach so hinzugehen.*
U: *Hmm. Aber – ich war früher Sekretärin!*
S: *Ah, deshalb passte das für mich auch gar nicht, wenn ich Sie so gesehen habe. Soll ich morgen mit ein paar Informationen wiederkommen?*
U: *Ich bin mittags wieder hier.*
S (lächelt): *Ja. Dann bis morgen. Ich bin Sabine.*
U (lächelt): *Und ich Ingrid.*

Dieser Beispieldialog ist länger als der im Small Talk. Sicher haben Sie sofort einen Unterschied festgestellt. Der Personal Talk ist ein echter Kontakt. Der Small Talk erscheint uns oft wie die Imitation einer Begegnung, eine Art Gesprächsritual. Im Personal Talk dagegen gibt es einen Kontakt auf anderer Ebene. Menschen berühren sich und teilen Informationen, die sie sonst nicht ohne Weiteres offenbaren: zum Beispiel über die eigene (heikle) Situation, über ihre Sorgen oder darüber, wie sie helfen können. Es gibt ein Angebot, Nähe herzustellen – wer dieses Angebot macht, will diese Nähe und nimmt dafür das Risiko in Kauf, beim Gegenüber abzublitzen. Es hätte also auch so laufen können:

Am Bonner Markt (2)
Sabine: *Entschuldigung, darf ich Sie etwas fragen?*
Unbekannte: *Ja?*
S: *Ich sehe Sie hier öfter, und Sie wirken so anders als die Menschen, die sonst hier um Geld bitten. Was ist Ihnen denn passiert?*
U: *Will ich nicht drüber reden. Aber einen Euro für einen Kaffee könnte ich brauchen.*

Eine weitere Möglichkeit ist, dass U versucht, das Näheangebot für ihre Zwecke zu nutzen, und nur scheinbar mitspielt – etwa um Mitleid zu erregen. Das wäre dann ein »Fake Personal Talk«:

Am Bonner Markt (3)
Sabine: *Entschuldigung, darf ich Sie etwas fragen?*
Unbekannte: *Ja?*

S: *Ich sehe Sie hier öfter, und Sie wirken so anders als die Menschen, die sonst hier um Geld bitten. Was ist Ihnen denn passiert?*
U (senkt den Kopf, leise): *Familie. Ist furchtbar. Helfen Sie mir! Bitte!*

Oft sagt uns allerdings unsere Intuition, ob uns jemand manipulieren will oder es ehrlich meint.

Der Personal Talk gelingt also, wenn beide damit einverstanden sind, sich etwas näherzukommen. Und er braucht einen Vorschuss an Vertrauen. Dann lassen sich auch heiklere Themen ansprechen, wie in unserem Beispiel das Betteln. Im Kapitel *Von der Angst zur Entwicklung* finden Sie zum Thema Vertrauen einen Dialog zwischen einer Dozentin und einer kopftuchtragenden Studentin, der schön zeigt, wie die eigene innere Haltung zu einer Sicherheit beitragen kann, aus der heraus wir uns einem Thema neu annähern können.

Last, but not least: Es geht manchmal schnell mit dem Personal Talk. Manchmal ist der Einstieg einfach ein Hilfsangebot. Dann kann der Small Talk direkt ausgelassen werden. Das Vertrauen wird zusammen mit dem Thema indirekt erbeten. Im folgenden Beispiel kann Sylvia ein persönliches Hilfsangebot machen, weil ihr Ansprechpartner humorvoll reagiert.

Herbst 2018: An der Bushaltestelle
Der Bus ist in der Ferne zu sehen. Ein alter Herr über 80 erhebt sich von der Bank. Die war an der Lehne mit Kreide bemalt; der Jackenrücken des Herrn zeigt entsprechend deutliche Spuren.

Sylvia: *Entschuldigung …*
Herr: *Ja?*
S (lächelt): *Da hat sich jemand mit Kreide künstlerisch an der Bank ausgetobt. Auf Ihrer Jacke sind jetzt ein paar Spuren.*
H (schmunzelt): *Hehe, ich war schon als kleiner Junge immer schmutzig. Ob ich mich noch mal verbessere?*
S: *Wissen Sie was? Ich könnte Sie kurz abklopfen.*
H: *Oh, das würden Sie tun?*
S: *Na klar!* (Klopft den Rücken vorsichtig ab.) *Schon weg.*
H: *Ganz herzlichen Dank!*

Klatsch: Schlechter Ruf, wichtige Aufgabe

> *Wenn alle Menschen wüssten, was die einen über die anderen reden, gäbe es keine vier Freunde auf Erden.*
> Blaise Pascal

Im Büroflur

Meier: *Schon gehört, die Sache mit der Gundel GmbH?*
Schmidt: *Nein – sag nicht, die haben hingeschmissen!*
M: *Doch, weiß ich aus dem Vorzimmer. Anita hat es gehört.*
S: *Und was macht Hubert jetzt im Key-Account? Er hat ja fast nichts mehr zu managen.*
M: *Hm, der ist gerade bei der Chefin.*
S: *Oh, oh!*

Wer klatscht, tauscht Informationen über abwesende Personen aus. Dies können Tatsachen sein, aber auch Gerüchte oder absichtliche Falschinformationen, bis hin zum Streuen von Gerüchten und zum Mobbing. Besonders günstig für diese Art Gespräch sind Situationen, in denen die abwesenden Dritten, um die es geht, bestimmte Normen verletzt haben – oder wenn ihnen, wie Hubert im Beispiel oben, etwas Unangenehmes, Überraschendes oder Außergewöhnliches passiert ist.

Wenn wir den zahlreichen Small-Talk-Ratgebern glauben, dann ist Klatsch ein No-Go. Und einen guten Ruf hat er ohnehin nicht. Im Gegenteil. Selbst diejenigen, die ihn oft und gern praktizieren, würden sich eher nicht als begeisterte Tratscher outen. Doch interessanterweise gibt es ihn in jeder Kultur und selbst in Gemeinschaften, in denen er verpönt ist. In einfachen Gesprächen tauschen Menschen ständig alles Mögliche über Mitmenschen aus, was ihnen interessant erscheint: unerhörtes Benehmen, skandalöse Affären, heimliche Laster, drogenerfahrene Kinder ... Und wenn wir ganz ehrlich sind, haben diese Geschichten durchaus einen Unterhaltungswert. Es scheint so, als ob unsere Gehirne Klatsch besonders gern aufnehmen, so als sei er ein Info-Leckerbissen. Regale voller Zeitschriften und unzählige Blogs, die die neuesten Geschichten aus dem Business, aus Königshäusern und aus der Welt der Stars berichten, belegen das auch im geschriebenen Bereich – gar nicht zu sprechen vom öffentlichen Klatsch auf Facebook, Twitter & Co.

Klatsch hat zu Unrecht einen miesen Ruf.

Die Anziehungskraft, die Klatsch ausübt, hat einen sehr soliden Grund, der wie der Small Talk (Grooming Talk) in ferner Vorzeit liegt. Wenn früher Menschen auf andere Menschen stießen, konnte eine falsche Einschätzung fatal sein. War der herannahenden Gruppe zu trauen? War es gefährlich, den fremden, harmlos wirkenden Einzelgänger in der eigenen Höhle (oder später: Hütte) übernachten zu lassen, bevor er weiterzog?

Die Informationen, die über Klatsch und Tratsch hereinkamen, hatten bei all diesen Unwägbarkeiten einen großen Wert und konnten (wie der Small Talk, siehe oben) wichtig für das Überleben der ganzen Gruppe sein. Deshalb tauschten sich Menschen sowohl über Nachbarn als auch über Fremde aus und legten so Informationen mit dem Ziel zusammen, sich gegenseitig Sicherheit zu verschaffen.

Vorteile für Klatschende

Im Flur des Mehrfamilienhauses

Schulze: *Diese neuen Nachbarn von gegenüber: Haben Sie die schon kennengelernt?*

Kobald: *Noch nicht. Aber Frau Hechel wohnt ja unter ihnen. Und die meint, dass die eine Menge merkwürdigen Besuch bekommen. Alle dunkel gekleidet. Und alle schweigsam wie sonst was. Die reden mit niemandem.*

S: *Hoffentlich haben die in der Wohnungsgesellschaft genau hingeguckt.*

Am sichersten fühlten und fühlen sich Menschen, wenn die anderen in ihrer Umgebung so sind wie sie. Verhalten, das abweicht oder unverständlich ist, macht misstrauisch und ängstlich. Damit haben wir einen guten Grund dafür, dass der Klatsch überall auf der Welt praktiziert wird. Der Austausch über Fremde wie Bekannte konnte früher und kann heute überlebenswichtig sein. Einem Dieb auf den Leim zu gehen – das konnte die Vorräte kosten, die die Menschen durch den Winter bringen sollten. Und heute kann es unser Erspartes sein, das ein Betrüger uns mit einer »todsicheren« Vermögensanlage abschwatzt. Einem vermeintlich harmlosen Menschen Gastfreundschaft gewähren, der den Gastgeber dann mit der herbeigerufenen Horde aus Höhle oder Hütte vertrieb – das konnte obdachlos machen. Da hat dann jemand die falsche Person ins Haus gelassen: Das kann auch heute übel enden.

Die Liste möglicher Risiken mit Unbekannten ist lang: Der schmucke junge Mann entpuppt sich als Wüstling, die nette Nachbarin benimmt sich so merkwürdig, der Sohn des gemeinsamen Freundes hat so komische Freunde. Das Tratschen kann dabei als Frühwarnsystem dienen. Nein, es ist nicht nett, über andere herzuziehen. Aber wir lernen, vor wem wir uns rein vorbeugend lieber in Acht nehmen sollten. Die hinter der Hand geteilten Informationen geben uns Aufschluss: Wie zuverlässig sind bekannte und unbekannte Menschen? Wer will schnorren? Wer könnte uns gefährlich werden?

Soziale Leitplanken für »Beklatschte«

Auch seitens der »Beklatschten« gibt es einen Sicherungseffekt: Wer zu erwarten hat, dass andere über ihn lästern, der kann einen Anreiz spüren, sich lieber regelkonform zu verhalten, als zum Gegenstand von Klatsch zu werden. Weil viele sich genau davor fürchten, übt die Praxis vor allem in kleinen Gemeinschaften eine soziale Kontrolle aus, nach dem Motto: Handle, wie wir es erwarten, oder wir zerreißen uns das Maul über dich.[7]

Der Nutzwert des Klatschgesprächs reicht dabei sogar noch weiter. Manfred Milinski, Direktor des Max-Planck-Instituts für Evolutionsbiologie in Plön, berichtet aus seiner Forschung: »Wenn man sich beobachtet fühlt, handelt man uneigennützig, weil man hofft, sich durch seinen so erworbenen guten Ruf die Unterstützung der anderen für den Notfall zu verdienen.« (Hummel 2018) In früheren Zeiten konnte in Krisenfällen von diesem guten Ruf das eigene Leben abhängen – Hummel nennt an gleicher Stelle die Hexenverfolgung als Beispiel. Doch auch heute legen Menschen viel Wert auf ihren guten Ruf. Gerade diejenigen, die stark im öffentlichen Rampenlicht stehen, scheuen auch moderne Hexenjagden.

Fassen wir bis hierher zusammen: Klatsch hat wichtige Aufgaben. Er sichert gleich doppelt die sozialen Regeln ab: seitens der Akteure und seitens derer, die Gesprächsgegenstand werden.

Klatschen als Vertrauensbeweis

Klatsch hat neben dem Schaffen von Sicherheit noch eine andere Funktion. Wer miteinander klatscht, signalisiert Vertrauen und macht dem Gegenüber ein Kompliment, das etwa so klingt: Ich halte dich für eine Person, mit der ich etwas Heikles besprechen kann.

Wer im Gespräch etwas Vertrauliches mit einer anderen Person teilt, macht ihr ein Kompliment.

Insofern haben die Small-Talk-Ratgeber von heute recht: Wenn wir Vertrauen erst noch grundsätzlich schaffen müssen, ist Klatsch nicht das richtige Register. Wenn es aber da ist, festigt und bestätigt das Reden über andere das Binnenverhältnis zwischen den Klatschenden. Es wirkt wie ein sozialer Kitt. Wer am Klatsch in der Teeküche nicht teilhat, ist von diesem Miteinander ganz offensichtlich ausgeschlossen. Die Gruppenmitglieder dagegen, die gemeinsam lästern, fühlen sich danach stärker miteinander verbunden.

Im schlimmsten Fall kann das Reden über andere so zur Waffe werden: als Machtmittel, um Abwesende in ein schlechtes Licht zu stellen oder sie gar zu schädigen – bis hin zum Mobbing.

Was genau, werden Sie sich an dieser Stelle vielleicht fragen, hat der Klatsch in einem Buch über Begegnungen im Gespräch zu tun? Wir haben zwei Gründe dafür. Zum einen reden Menschen in ihren Gesprächen mehr als ein Drittel der Zeit über andere Menschen – und zwar Männer wie Frauen, Junge wie Alte.[8] Wenn wir Gespräche genauer ansehen, gehört das Reden über andere also notwendigerweise dazu.

Zum anderen ist Klatsch ja nicht notwendigerweise böse. Wie Sie gesehen haben, schafft er unter den Klatschbrüdern und -schwestern Vertrauen und Zusammenhalt. Wir beobachten, dass Klatsch unter drei

Bedingungen Begegnungen schafft: erstens wenn er von der inneren Haltung der Menschenfreundlichkeit begleitet ist. Zweitens wenn er mit Humor gewürzt ist (inklusive Lachen über uns selbst). Drittens wenn er nicht wichtigtuerisch daherkommt.

Nach der Abifeier

Sophie: *Ich kann nicht glauben, dass wir Henrik nie wiedersehen. Er wird mir fehlen.*

Marie: *Ach komm, das musst du gerade sagen, du Lästerschwester.*

S: *Ja, ich weiß, ich war oft krass. Und er lädt ja auch dazu ein. Hast du gesehen, wie er gestern bei der Zeugnisübergabe fast über seine Riesentreter gestolpert ist? Aber eigentlich …*

M: *Hört, hört!*

S: *Nein, im Ernst. Er hat etwas sehr Süßes. Und schlau ist er auch. Aus dem wird bestimmt mal ein toller Typ. Vielleicht mit 30 oder so.*

M: *Ja, und über wen lästern wir jetzt?*

Und noch ein letztes Wort zugunsten dieser oft verkannten Gesprächsform: Klatsch ist eine Kunst! Wenn er gelingen soll, müssen wir es schaffen, über Abwesende so zu reden, dass es sozial angemessen ist. Wir fordern Verschwiegenheit, indem wir Geheimes enthüllen. Wir schaffen Vertrauen, indem wir Vertrauen brechen. All dies fordert gekonnte Enthüllungs- und Formulierungstaktiken, die in der Wissenschaft Soziologen und Linguistinnen ausgiebig beschäftigen.

Big Talk – die Oberliga

Was kann man heute noch essen?

Katja: *Mein halber Freundeskreis lebt glutenfrei, vegan oder isst nur Biozeugs. Manchmal denke ich, ich mache mir zu wenig Gedanken.*

Niels: *Ach, ich weiß nicht. Bis jetzt hat die Menschheit doch auch ohne Ernährungsbücher super überlebt. Und wenn ich ab und zu ein Steak futtere, dann ist das ja auch gesund.*

Daniel: *Na ja, es hat sich schon viel verändert in den letzten Jahrzehnten. Die Lebensmittelindustrie designt Lebensmittel, die gut schmecken, gut aussehen und sich teuer verkaufen. Die sind aber nicht immer gut für uns.*

K: *Kannst du ein Beispiel nennen?*

D: *Schokoriegel. Fertigsuppen. Chips. Tiefkühlpizza. Das ist gar kein echtes Essen. Es schmeckt, aber es ernährt uns nicht.*

K: *Warte mal, das ist jetzt viel auf einmal. Also, in meinem Orangensaft ist extra Kalzium. Das ist doch ganz gut?*

D: *Da ist nichts gegen zu sagen. Aber es gibt trotzdem ein Problem. Wenn du nur von Fertigfraß und Snacks lebst, dann merkst du das erst mal nicht sofort. Aber nach ein paar Jahren meldet sich der Körper, und dann hilft es nicht, ein paar Äpfel und Möhren einzuwerfen.*

N: *Aber das ist kein Grund, komplett auf Fleisch zu verzichten, oder? Ein gut abgehangenes Steak ist ja soweit unbehandelt.*

K: *Wollen wir mal über Tiertransporte und Schlachthöfe reden?*

N (seufzt).

Der Big Talk hat eine besondere Funktion. In ihm geht es – anders als in den bisherigen Formen des Gesprächs – vorrangig um ein Thema, also wirklich um die Sache. Dabei ist das Thema nicht mit einem konkreten Ziel verbunden, das eine(r) der Beteiligten erreichen will, wie etwa in einer Verhandlung oder einer Debatte. Der Gegenstand wird vielmehr miteinander entwickelt. Am obigen Beispiel sehen Sie, dass dabei auch Elemente aus dem Personal Talk einfließen können, und wie bei den anderen Gesprächsformen »menschelt« es im Big Talk durchaus auch.

So könnten wir, wenn wir das Gespräch hören würden, bestimmt einiges über die Statushierarchie zwischen den drei Freunden erfahren oder über die Nähe, die zwischen ihnen besteht. Anders als bei den anderen Gesprächsformen ist am Big Talk, dass sich die Redenden gemeinsam um ein Thema versammeln und es weiterdenken. Dieses Thema ist wie ein Werkstück oder sogar ein Kunstwerk, das sie miteinander bauen und entwickeln. Oft sind es komplexe Themen, die auf den Tisch kommen: zum Beispiel weltanschauliche oder politische Fragen, philosophische Problemstellungen wie etwa ethische Dilemmas oder Zukunftsvisionen. Der Big Talk fordert damit einiges von den Redenden: eine Hinwendung zum Thema, die Bereitschaft, an ihm zu arbeiten, und die Fähigkeit, dabei die Beziehung zu den anderen Gesprächspartnern zu gestalten.

Big Talk ermöglicht eine erweiterte Perspektive – und Veränderungen.

Dafür winkt ein Nutzen auf verschiedenen Ebenen. Auf der inhaltlichen Ebene hilft ein Big Talk, mehr über Dinge zu erfahren, die uns wichtig sind. Anstatt die eigene Meinung aus den Medien zu beziehen, können wir selbstständig um sie ringen und sie womöglich auch in der Verteidigung testen, so wie Niels vielleicht über sein geliebtes Steak ins Nachdenken über Biohöfe kommen wird. Und manchmal, wenn es auch auf der Beziehungsebene läuft, verändern wir im »großen Gespräch« sogar hier und da unsere ursprüngliche Haltung und tauschen sie gegen eine ein, die nun für uns stimmiger ist.

Wie die anderen Gesprächsformen hat auch der Big Talk seine Risiken und möglichen Nachteile. In Runden, in denen die Beziehung nicht richtig zur Geltung kommen kann, kann sich die Erörterung eines Themas leicht akademisch, kühl oder sogar seelenlos anhören – besonders wenn wir beim Hören die Sache nicht so wichtig finden wie die direkt Beteiligten. Wenn die Gesprächspartner nur mit Blick auf ihr Wissen hinzugezogen werden, kann das zu einer sehr trockenen Atmosphäre führen. Gut beobachten können Sie das in Talkshows: Dort werden die Themen oft so provokativ formuliert, dass es notwendigerweise eine Konfrontation geben muss. Es heißt also nicht »Wie viel verdienen wir im Alter?«, sondern »Droht uns die Altersarmut?«. Außerdem sollen die sorgfältig ausgewählten Gäste mit ihrer Persönlichkeit oder durch dramaturgisches Geschick Spannung erzeugen. Nur wenn uns etwas interessiert, hören wir auch wirklich zu. Das gilt für den Big Talk genauso wie für den Small Talk oder den Tratsch. Sehr anrührend und tief kann der Big Talk werden, wenn er mit Personal Talk kombiniert wird.[9] Dann kann sich ein Gespräch über Ernährung beispielsweise so anhören:

Ernährung (Personal Talk und Big Talk in Kombination)

Katja: *Ich habe gelesen, dass bestimmte Nahrungsmittel Krebszellen blockieren können. Das würde ich zu gern glauben – in meiner Familie gibt es so viel Krebs.*

Niels: *Ich glaube schon, dass es nicht egal ist, was wir so essen. Wie war das denn bei den Familienmitgliedern, die krank geworden sind?*

K: *Die hatten es nicht so mit Ökofutter oder gesunder Ernährung. In unserer Familie gilt Ketchup als Gemüse.* (Lacht.) *Ich bin die Ökotante in diesem Rudel.*

N: *Worauf achtest du denn bei deiner Ernährung?*

In Teil III dieses Buches finden Sie zur Veranschaulichung ein sehr ausführliches Beispiel für Big Talk, das Ihnen hoffentlich Lust auf Ihre eigenen »großen Gespräche« macht.

Überblick: Gesprächsformen

In der nachfolgenden Tabelle sind die vier Gesprächsformen noch einmal mit ihren Eigenschaften, Vorteilen und Risiken zusammengefasst.

	Eigenschaften	Vorteile	Risiken
Small Talk	Thema ist nachrangig; Ziel ist eine positive Beziehung	Ermöglicht ein Einschätzen des Gegenübers	Ist für viele langweilig oder mit Heuchelei verbunden
Personal Talk	Thema betrifft die Beteiligten; Nähe auf der Beziehungsebene	Echter Kontakt; Menschen berühren sich	Angebot der Nähe ist riskant und kann abgelehnt werden; manipulativer »Fake Personal Talk«
Klatsch und Tratsch	Teilen von Informationen über andere; Grundvertrauen wird vorausgesetzt	Schafft Sicherheit und ein Gefühl des Dazugehörens (»sozialer Kitt«)	Soziale Kontrolle; kann zum Verleumden verwendet werden; schließt womöglich andere aus
Big Talk	Entwicklung eines Themas steht im Vordergrund	Ermöglicht Klärungen, Abgrenzungen, Hinterfragen und Erweitern von Positionen und Wissen	Kann seelenlos daherkommen, wenn Gesprächspartner nur mit Blick auf ihr Wissen wahrgenommen werden

Alle vier Formen des Gesprächs sind auf ihre Weise gut für Begegnungen geeignet. Small Talk und Personal Talk, Tratsch und Big Talk können mit ihren eigenen Möglichkeiten zu spannenden, anrührenden und inspirierenden Begegnungen führen. Konkret ausprobieren können Sie das zum Beispiel im Rahmen des Workshops »Begegnungsübungen« in Kapitel 4.

Die Formate können natürlich auch ineinander übergehen. Small Talk kann zum Personal Talk werden, Klatsch kann in einen Big Talk münden oder durch Small Talk eingeleitet werden, der Big Talk kann wie gesagt auch ein Personal Talk sein – es gibt viele Kombinationen. Das Wissen um die vier Möglichkeiten wird Ihnen ab sofort helfen, Ihre Gespräche bewusst zu gestalten.

ÜBUNG

Probieren Sie im Verlauf der nächsten Woche bewusst alle vier Formen aus. Welche mögen Sie besonders? Welche ist Ihnen eher fremd? Und wie können Sie beide Formen – die favorisierte und die unangenehme – für neue Arten der Begegnung im Gespräch nutzen?

Warum uns Gespräche lebendig machen – und nützen

In diesem Kapitel haben Sie sicher gemerkt: Gespräche sind keineswegs nur Mittel zum Zweck. Der Wunsch nach Begegnungen in Gesprächen ist in uns angelegt. Evolutionsgeschichtlich haben wir die Kommunikation in kleineren Gruppen seit vermutlich 70 000 Jahren geübt. Wenn wir miteinander reden, gibt uns das deutlich mehr, als uns einfach gut darzustellen, uns in eine Gruppe zu integrieren oder unsere Karriere zu befördern. In gewisser Weise macht uns das gemeinsame Gespräch zu Menschen. Ein echtes Gespräch zu führen heißt, dass wir gemeinsam denken – ein kraftvolles Mittel der Entwicklung.

In Gesprächen informieren und schützen wir uns. Wir reden ständig miteinander. Gespräche verbinden uns, sie orientieren uns, sie bringen uns Wachstumsmöglichkeiten und neue Perspektiven. Sie stiften Nähe und Wärme – und sehr viel Freude. Im Gespräch können wir beieinander zu Gast sein. In den nächsten Kapiteln erfahren Sie, wie Sie dieses schöne Gefühl wiederbeleben und das Gespräch für sich ganz neu entdecken können.

Und stellen wir uns vor, wie die Texanerin und die Finnin aus unserem Eingangsbeispiel sich ein Jahr nach ihrer Begegnung in Berlin im Café Einstein wiedersehen und sich erzählen, was sie in Polen und Deutschland so erlebt haben …

2. Vom Zeitdruck in die Ruhe

Mit den Worten
Nur eine Partie
begannen sie zu spielen
das war gestern.
Michael H. Koulen (2006)

Die Ruhe ist ein Indikator für unsere persönliche Identität. Sie ist nicht das Gegenteil von Aktion. Aus innerer Ruhe wirken wir mit dem einzigartigen Profil unserer individuellen, einmaligen Persönlichkeit auf eine sinnerfüllte, gesunde Art und Weise. Inmitten der Zeittornados und Sachzwänge unserer Alltagswelt werden wir so zu Felsen in Brandungen – für uns und andere.

Zeit als Schatz und Filter

Reisebericht eines Freundes. Ziel: Indien. Ein berühmter Gelehrter in einem Kloster in den Bergen Tibets – Ashoka, der Abt. Nach endlosem Flug und beschwerlicher Anreise, zuletzt mehrere Tage zu Fuß mit ortskundigen Sherpas, erreicht er das Kloster. Ein Ort, der über den Dingen zu schweben scheint. Die Tür wird ihm freundlich geöffnet. Der Freund, ein Hochschulprofessor für Philosophie, hat die Reise unternommen, weil er Antworten auf brennende Fragen sucht, beruflich wie privat. Er versteht sein eigenes Schicksal nicht mehr. Er spürt, dass er eine neue Sprache braucht, um verstehen zu können. Abt Ashoka empfängt ihn freundlich. »Gestatte mir, dir einige Fragen zu stellen, deren Antworten mein Leben verändern sollen.« Der Abt hört sehr still zu, er studiert sein Gegenüber wie aus einer freundlichen Sorge heraus.

Als unser Freund geendet hat, schweigt Abt Ashoka lange. Dann sagt er mit einem einladenden Lächeln: »Ich will dir gern deine Fragen beantworten. Aber zuvor bitte ich dich um etwas. Ich lade dich ein, ein Jahr hier mit uns zu leben und zu arbeiten, zu essen, zu schlafen und zu beten. Dazu musst du unseren Glauben nicht haben. Der ist offen für alle Lebewesen, Menschen, Tiere, die ganze Natur. Du wirst sehr leicht deinen Platz finden, an dem es dir gut geht. Wenn du nur ein Jahr bleibst.«

Unser Freund überlegt nicht lange. Er hat Zeit. Er nimmt sie sich. Er lässt sich ein. Zu sehr brennen seine Fragen: als sei sein Leben auf diesen Punkt hinausgelaufen. Er bleibt.

Ein Jahr lang teilt er das Leben der Berggemeinschaft. Seinen Platz findet er in der Werkstatt und im Garten. Er beobachtet die Wechsel von Tag und Nacht, die nahezu unwirkliche Natur, die Erhabenheit der Stille, die ruhige Öffnung seiner Sinne bei den gemeinsamen Gesängen und Meditationen. Auch sein Körper erholt sich von einer Lebensweise, die hier nicht nötig ist.

Zwölf Monate nach dem ersten Gespräch sucht er den Abt auf: »Das Jahr bei euch ist vorüber, nun beantworte mir meine Fragen.« Abt Ashoka antwortet: »Ja, gern. Was waren das doch gleich für Fragen, die dich herbrachten?« Und wieder hört er still zu, wie aus einer freundlichen Sorge heraus. »Ähm … vergessen … Ich weiß sie nicht mehr. Es tut mir leid – ich kann mich nicht erinnern!«

Wohl nur wenige Menschen können oder wollen ein ganzes Jahr am anderen Ende der Welt verbringen. Nicht jede und jeder mag Verpflichtungen und wichtige Menschen so einfach zurücklassen, um Wichtiges zu klären. Doch die Geschichte ist wahr und bekommt mit ihrer langen Zeitspanne etwas Märchenhaftes. Und wie ein Märchen birgt sie Einsichten, die uns eine ähnlich lange Auszeit ersparen können. Im Folgenden nennen wir die beiden wichtigsten.

Die erste Einsicht: Unsere Zeit machen wir selbst – und unsere Ruhe auch.

Den wichtigsten Schlüssel zur Ruhe halten Sie bereits in Ihren Händen: Zeit. Ihre Zeit, die Zeit Ihres kostbaren und einzigartigen Lebens. Sie ist vielleicht das Wertvollste, das Sie gestalten können. So, wie wir atmen müssen, diesen Atem aber (beispielsweise in Meditations- und Achtsamkeitsübungen) bewusst für uns nutzen können, so müssen wir auch in der Zeit leben, können sie aber bewusst gestalten.

Doch scheinen wir Europäer, was die Zeit angeht, wenig begünstigt zu sein: Kaum jemand hat sie jedenfalls, und nur wenige haben das Gefühl, sie selbstbestimmt gestalten zu können. In vor allem einer Sache unterscheidet sich unsere Zeit von unserer Atemluft: Sie erscheint uns knapp. Die Ballung in den Städten, die hohe Bevölkerungsdichte, die Erhöhung der akustischen und optischen Reize im öffentlichen Bereich, verbunden mit einem riesigen Medienkonsum in unserer freien Zeit und der permanenten Erreichbarkeit, der sich viele Menschen unterwerfen: All dies nimmt den gefühlten Spielraum für so etwas wie eigene Zeit.

Ashokas Besucher nimmt sich seine Zeit einfach – ein ganzes Jahr lang pausiert er, ohne etwas zu tun, was im fernen Europa als wichtig gelten würde. Es geht: Wir können uns Zeitinseln schaffen, in denen jenseits des Leistens und Funktionierens das vorkommen darf, was uns wichtig ist. Die Entscheidung liegt bei uns.

Zeitinseln zu schaffen ist natürlich nicht so leicht. Am besten lässt sich mit kleinen Schritten und winzigen Inselchen beginnen: kleine Zeitabschnitte, mitten am Tag. Sich trauen, einfach aus dem Fenster zu schauen, einmal bewusst nichts zu machen, nichts vorzuhaben. Oder einmal mit der inneren Aufgabe über die Straße zu gehen: Hey, wie sehen die Gesichter der anderen aus? Wie scheint es ihnen zu gehen? Wie bewegen sie sich fort? Was fühle und denke ich, wenn ich sie ansehe? Was mag sie wohl beschäftigen?

Ruhe entsteht, allmählich, auf Zeitinseln.

Wir müssen nicht nach Tibet fahren, um zu uns selbst zu kommen. Ruheräume können wir dadurch schaffen, dass wir Stimulation aus unserem Leben herausnehmen und den Sinnesorganen eine Auszeit gönnen. Die Reduzierung der äußeren Reize und der ruhige Fluss der Naturerfahrungen können wie Balsam für unsere Sinne sein. Die Abwesenheit von Dauerberieselung und Elektrosmog kann uns schon auf einer Nordseeinsel in einen langen, tiefen Schlaf versetzen, aus dem wir wie neugeboren aufwachen.

Es geht um ein Stillwerden jenseits des Arbeitsplans, des täglichen Geschäfts und der Unzahl von Begegnungen, deren Gestaltung vielleicht mehr Zwischenraum braucht. Alleinzeiten zur Regenerierung. Zeit, die wir aus dem Fenster werfen dürfen, Zeit zum Müßiggang, frei von Zwängen und Zwecken. Der Weg dorthin? Das ist der Wunsch dazu, die Sehnsucht danach. Wir können heute sogar wissenschaftlich nachweisen, dass dies der Anfang von vielem ist: von großen kreativen Leistungen und von persönlicher Lebensqualität. Und natürlich von guten Gesprächen! Wohl deshalb baute Ashoka sein Kloster am Ende der Welt.

Die zweite Einsicht: In der Ruhe helfen wir uns und anderen weiter.

Abt Ashoka stellt eine hohe Anforderung: Ein Jahr der Besinnung, des Herausgenommenseins, soll unser Freund auf sich nehmen, dann werden seine Fragen beantwortet werden. Das ist ein Test. Wie groß ist der Druck, der auf unserem Freund lastet? Und wie viel wird er bereit sein zu geben? Sein ganzes bisheriges Leben für ein Jahr? Ja, er tut es. Zum Zeitpunkt der Entscheidung weiß er nicht, dass er eigentlich nach einer Veränderung seiner bisherigen Lebensweise sucht. Denn als er sie vollzogen hat und Mitglied einer neuen Gemeinschaft geworden ist, sind seine Fragen weg – wie in Luft aufgelöste Gelehrsamkeit. Der Gast entwickelt sich in Ruhe weiter.

Und was für ein Mensch, dieser Ashoka. Ob er es von Anfang an wusste? Oder hoffte er nur, dass sein Gast diese Entwicklung würde machen können? Und was heißt eigentlich »nur«? Fest steht: Ashoka scheint eine Art Talent für den Moment zu haben. Er konnte spüren, was hier und jetzt *dran* war, inhaltlich wie existenziell. Er hat sich selbst die Wahl gegeben, zwischen verschiedenen Handlungsmöglichkeiten intuitiv auszuwählen. Und seine große Erfahrung mit und seine Liebe zu den Menschen haben ihn auch hier den richtigen Weg finden lassen: nicht direktiv, sondern über eine freundliche Einladung. Im sechsten Kapitel – dort geht es um das Finden einer gemeinsamen Sprache – gehen wir auf diese Fähigkeit ausführlicher ein.

Es sind also nicht nur die äußeren Umstände, die uns und anderen Zeit- und Ruheräume geben. Es sind auch wir selbst: unsere eigene Haltung zum Leben, unsere Lebensweise, unser Umgang mit Raum und Zeit, unsere Bereitschaft zum Tun und zum Hören auf unsere innere Stimme.

Sie werden beim Lesen der nächsten Seiten merken, dass Zeit und Ruhe im Gespräch sehr viel mit Zeit und Ruhe in uns selbst zu tun haben. Der Raum, den wir dem Gespräch lassen, ist ein Raum für Entwicklung und Veränderung. Damit wird unsere eigene Ruhe zum Kern von Entwicklung und Veränderung.

Ruhe macht schöpferisch

»Das gibt's doch gar nicht! So eine Sauerei!«, lässt Boris Dampf ab. »Das Leben ist kurz, lass dir Zeit«, antwortet Doris. »Wie soll das gehen? Man muss sich doch beeilen, damit man alles schafft. Und die Präsentation der Designs ist schon in vier Wochen. Hier, lies mal!«, protestiert Boris und zeigt seiner neuen Kollegin die gerade eingetroffene Eilmeldung ihres Chefs.

»Ich habe den Spruch schon in unser altes Büro gehängt«, erwidert Doris. »Immer wenn es bei uns total rappelte vor lauter Arbeit und Fristen, dann habe ich ihn angesehen: Das Leben ist kurz, lasst euch Zeit!« Boris ist skeptisch: »Und das soll was bringen? Die Arbeit erledigt sich jedenfalls nicht durch schöne Sprüche.« Doris winkt ab. »Es wirkt, und zwar immer! Es entstand dann so eine spontane Pause, und meistens lachte dann jemand, ein anderer öffnete ein Fenster oder drückte den Powerknopf der Teemaschine. Eine von uns spielte ziemlich gut Gitarre. Sie hatte eines ihrer Instrumente immer bei uns im Büro stehen. Und manchmal spielte sie einfach einen Song. Ich kann nur sagen: Das wirkt Wunder und bringt neue, gute Gedanken.« Und dann startet Doris einen ziemlich coolen Vocal-Blues, sodass Boris die Kinnlade herunterfällt. Was für eine Stimme! Nach ein paar Takten traut er sich, mit den Kulis auf dem Lampenschirm mitzujammen. »Weißt du was?«, lacht Boris auf einmal. »Wir binden den Chef einfach mit ein! Mr Unentbehrlich muss einfach mitmachen. Und vielleicht wird er dann auch endlich mal etwas nahbarer.« »Sehr cool, das übernehme ich«, beschließt Doris. Da klopft es an der Tür. Es ist der Chef: »Ähm, morgen auf meiner Geburtstagsparty – könntet ihr diesen Blues von eben vielleicht noch mal ...?«

Boris und Doris erleben mitten in ihrer Kreativagentur: Nicht die Betriebsamkeit bringt Ideen, sondern das Abstandnehmen und die Entspannung. Entsprechend gilt: Nicht Geschwätzigkeit macht das Gespräch, sondern das Entwickeln, die Pausen, das Nachdenken. In der Ruhe, im Innehalten entsteht das Spontane – und daraus das Neue.

Wenn wir uns ruhig einer Sache zuwenden, für die wir uns bewusst entschieden haben, merken wir gar nicht, wie die Zeit vergeht. Die Freude, die das Zeitgefühl aufhebt, ist der Flow, den Csíkszentmihályi in seinem berühmten Buch vorstellt. Und wenn wir mit dieser Haltung an alles herangehen, was uns begegnet, dann haben wir eine Art Zauberstab in der Hand. Wer darauf wartet, dass die Zeit vergeht, sagt eigentlich: »Ich habe keine Lust. Mir ist das hier nicht angenehm. Ich tue etwas, weil mich jemand dazu zwingt und weil ich glaube, dem folgen zu müssen.«

Doris steigt für einen Moment aus diesem Zwang aus und in eine Begegnung ein. Die Ruheinsel wird fruchtbar: Der Song bringt alle Beteiligten einander näher und verändert die Beziehungen um sie herum. In der Zeit der Muße liegt die Freiheit des Schöpferischen.

Zeitstruktur: Ein Grundbedürfnis

Wenn wir über Zeit und Zeitinseln reden, denken wir womöglich an etwas, das alle Menschen in gleicher Weise sehen und zur Verfügung haben. Das ist nicht so. Und es ist gut, wenn uns das in der Begegnung mit anderen klar ist: Zeit ist ganz wörtlich relativ. Der amerikanische Soziologe Robert Levine veranschaulicht uns dies mit seinem Buch *Eine Landkarte der Zeit: Wie Kulturen mit Zeit umgehen* (2003).

Was der Zeit Struktur gibt

Levine zeigt die Faktoren auf, die unser Zeitempfinden und unseren Umgang mit Zeit beeinflussen: Es sind der Grad des Wohlstandes und der Grad der Industrialisierung, die Einwohnerzahl, das Klima und auch die kulturellen Werte. (Unsere Reisen nach Island, Finnland, Schweden und Schottland haben uns gelehrt, dass das Klima, die Landschaft und die Bevölkerungsdichte einen großen Einfluss auf unser Zeitempfinden haben: Dort fiel uns die Ruhe viel leichter.) Außerdem sind wir abhängig von äußeren Signalen, die unseren Tag bestimmen: Sonne, Armbanduhr, Wecker oder Schulklingel. Nimmt man uns diese weg, verlieren wir das Gefühl für unsere Zeit auffallend schnell.

Die industrielle Revolution im 19. Jahrhundert hat Levine zufolge einen Prozess angestoßen, der unseren Umgang mit der Zeit nachhaltig prägt. Menschen verbringen ihre Zeit zwischen Arbeit und Konsum. Anderes Tätigsein gilt als Verschwendung. Nun könnte man meinen, Levine halte dagegen und plädiere für die totale Entschleunigung. Aber das tut er nicht. Vielmehr weist er nach: Es kommt auf unsere *innere Einstellung* an, mit der wir unsere Zeit gestalten. Dann klappt sogar »schnelles« Leben: Sind wir mit Freude dabei, gleichzeitig gern Teil einer größeren Gemeinschaft, die uns Sinn und Erfüllung gibt, dann passt die Struktur. Das Tempo, in dem wir leben und arbeiten, ist dann zweitrangig. Menschen, die völlig außerhalb von Zeit und Struktur leben, werden dagegen in der Regel seelisch und körperlich krank.

Wir brauchen eine Zeitstruktur, um gesund zu bleiben.

Die zeitliche Struktur in unserem Leben hat eine große Bedeutung für die Art und Weise, in der wir Menschen begegnen und in der uns Menschen begegnen. Die Zeitkultur ist dagegen verhandelbar – wobei es sinnvoll ist, wenn wir uns in verschiedenen Zeitkulturen orientieren können (Levine 2003, S. 284). Es hilft auch unseren Begegnungen, wenn wir auf die Zeitkultur der Menschen eingehen können, denen wir begegnen. Das ist oft nicht leicht: Bei so lange gewachsenen Mustern wie dem Zeitgefühl setzen wir allzu oft voraus, dass die anderen sich auf dieselbe Art wohlfühlen wie wir. Und dann ist es überraschend zu sehen, wie unterschiedlich sich ein Inder und ein Brasilianer oder eine Südeuropäerin und eine Nordamerikanerin verhalten.

Die Yequana: Die Suche nach dem Besitzer

Die US-amerikanische Therapeutin Jean Liedloff beschreibt in ihrem Buch *Auf der Suche nach dem verlorenen Glück* (2009) das Zeitverständnis der Yequana-Indianer im südamerikanischen Urwald. Die Yequana gehörten zu den ganz wenigen Stämmen, die (im Jahr 1980) keine Berührung mit anderen Kulturen hatten. Die Umgebung schien ideal, Nahrung gab es im Überfluss, die Yequana hatten kein genaues Gefühl für ihr Alter. Sie orientierten sich an Sonne und Mond und überzeugten durch eine ungewöhnliche Freundlichkeit. Das Besondere an ihnen war ihr Umgang mit Kindern; sie pflegten einen intensiven Körperkontakt zu ihren Babys und Kleinkindern.

Sie hatten nur ein einziges Gesetz, das ihr Zeitverständnis tief prägte: *Wenn du etwas findest, das dir nicht gehört – und du weißt genau, ob dir etwas gehört oder nicht –, so gehe so lang im Dorf umher, bis du den Besitzer gefunden hast, und gib ihm das Verlorene zurück.* Demgegenüber waren andere Zeitplanungen immer nachgeordnet.

Auch in einer globalen Welt ist der Umgang mit Zeit von vielen »Stammessitten« geprägt. In Brasilien *muss* man grundsätzlich anderthalb Stunden zu spät kommen, *darf* jedoch keinesfalls noch später kommen! In Japan ist es höflich, ein wenig zu schweigen, wenn das Gegenüber etwas geäußert hat – denn das zeigt Respekt vor dem Gesagten.[10]

Auch für den konkreten Gesprächsrahmen hat unsere Zeitstruktur deutliche Konsequenzen, wie die beiden folgenden Szenarien zeigen:

Fall 1: Zwei Freundinnen, tätig in der Metropole. Ein schnelles Mittagessen. Das Gespräch: temporeich.

Fall 2: Zwei Freunde im Angelurlaub. Um 5 Uhr morgens beginnt der Tag auf dem Wasser. Das Gespräch: sporadisch, zwischen Phasen des Schweigens.

Wenn wir uns bewusst sind, in welchem Zeitrahmen wir uns bewegen, dann können wir die Situation steuern. Wir können uns flexibel auf ganz unterschiedliche Menschen und ihr Zeitverständnis einstellen. Wir gestalten Aktion und Ruhe im Einklang mit unserer Umgebung. Und nicht zuletzt lernen wir, uns in unterschiedlichen »Zeitzonen« wohlzufühlen. Robert Levine würde sagen: Hauptsache, die Struktur ist da!

Die dunkle Seite der Struktur

Ja, wir brauchen eine Zeitstruktur, um gesund und gerichtet zu bleiben. Doch unser westlicher Umgang mit Zeit bringt auch etwas mit sich, was uns belastet statt hilft: einen enormen Druck im Alltag und im Miteinander. Unser Leben ist viel zu oft geprägt von Hektik und schnellen Schnitten, von Zwang und Drang, die zur Verfügung stehende Zeit möglichst ohne Zwischenräume zu füllen. Unser gesellschaftliches Leben spielt sich in einem derart hohen Tempo und in einer derart hohen Dichte ab, dass selbst gesunde Menschen den Druck kaum ertragen können. Es gibt inzwischen viele, die diesen Druck hinterfragen. Wir führen die Diskussion hier nicht weiter. An der folgenden Geschichte lässt sich aber das Anliegen, das wir mit der Ruhe verfolgen, gut verstehen.

Trommeln!

»Geht's los?«, fragt das vierjährige Mädchen aufgeregt und umklammert seine Handtrommel. Die anderen Kinder blicken fragend auf die Musiklehrerin, die nun mit gleichmäßigem Rhythmus zu spielen beginnt. Die anderen fallen mit ein. Es dauert eine kleine Weile, dann haben alle den richtigen Dreh gefunden und trommeln mit vollem Körpereinsatz im selben Takt. Dann wird die Lehrerin gezielt allmählich leiser, bis sie am Ende ganz verstummt. – Was glauben Sie, wie es weitergeht?

Die Kinder setzen den Takt etwa zehn bis fünfzehn Sekunden fort, werden dann immer lauter und schneller, bis alles unter großem Gejohle und Lachen in sich zusammenfällt. Nach einer kurzen Pause schauen alle lachend auf die Lehrerin, die jetzt mitlacht. (Übrigens: Dieses Ergebnis ist kein Einzelfall. Das Experiment geht mit Kindern dieses Alters immer gleich aus.)

Der Verlauf des Experiments ist ein gutes Beispiel für das, was in unserem Gehirn los ist, wenn wir nicht gerichtet sind und nicht steuern. Kleine Momente im Gleichtakt, dann – abwechselnd – Phasen von Steigerung und Zerfall, dann Pausen und Nullmomente, in denen wir Orientierung suchen, um wieder neu beginnen zu können. Derweil versorgt uns unsere Atmung mit Sauerstoff, das Herz mit dem Kreislauf unseres Blutes, und dieses sorgt schließlich für Nahrung und Wärme, damit dieser Kreislauf möglichst gesund vollzogen und in Gang gehalten werden kann.

Wie können wir uns eine Richtung geben, eine Vorstellung von einem Ziel, von Sinn, von Sehnsucht? Und wie können wir solche Dinge im Gespräch teilen und entfalten? Die Antwort führt uns zur Ruhe.

Kommunikation in Ruhe: Drei Wege

»Gut – und wie genau kann ich vom Zeitdruck in die Ruhe kommen?«, werden Sie sich womöglich an dieser Stelle fragen. Zu Recht. Es gibt drei Wege, die Sie beschreiten können. Sie bauen aufeinander auf.

Der erste Weg: Ruhe in mir selbst finden

Die Ruhe in uns selbst ist die Voraussetzung dafür, dass wir auch in einem Gespräch mit anderen zur Ruhe kommen können. Wir geben uns selbst den Raum, der uns innere Freiheit bietet. Dieser Raum tut uns enorm gut und ist gleichzeitig eine Brutstätte für neue Ideen und spannende Momente in Begegnungen.

In der nachfolgenden Checkliste finden Sie Anregungen, mit denen Sie den Zeitdruck lösen und zur Ruhe kommen. Manche Tipps scheinen mit Zeit so gar nichts zu tun zu haben – sehr wohl aber mit unserem Wohlbefinden. Beginnen Sie, indem Sie sich drei Punkte heraussuchen und sie für einen Monat ausprobieren!

▣ CHECKLISTE: Entschleunigung

Meine Zeit planen: Freiräume einbauen – pro Tag, pro Woche, pro Monat, pro Jahr.	❑
Was will ich in diesen Freiräumen tun?	❑
Wo spüre ich (Zeit-)Druck? Wie kann und will ich damit umgehen?	❑
Passt das jetzt gerade für mich? Oder will ich etwas verändern – das Tempo, die Umstände, den Ton?	❑
Balance für alles Wichtige und Raum für alle Lebensbereiche schaffen: Beruf, Familie, Partnerschaft, Persönliches, Nichtstun.	❑
Raum für Rückzug: acht Stunden Stille und Ruhe pro Tag – auch wenn ich nicht müde bin (Nichtstuzeit, Meditation, Nachdenken …)	❑
Orte besuchen, die mir guttun.	❑
Dinge in mein Umfeld holen, die mir guttun: ein Stundenglas auf dem Schreibtisch, eine Schale mit einer Blüte …	❑
Menschen sehen, besuchen, einladen, die mir guttun.	❑
Für eine gute Ernährung sorgen, die mir persönlich entspricht und mich nicht belastet.	❑
Eine Sache, eine Tätigkeit (oder mehrere) üben, die ich liebe, immer wieder und stetig – und immer besser darin werden.	❑
Stolz auf den Fortschritt sein, den das Üben bringt. Den ruhigen Fokus wahrnehmen, der ganz selbstverständlich hinzukommt.	❑

ÜBUNG

Scribbling (to scribble = kritzeln) hilft Ihnen, auch in turbulenten Zeiten innerlich zur Ruhe zu kommen und sich von einem Überangebot an Eindrücken sanft zu lösen. Diese Übung hilft besonders dann, wenn Sie sich nicht zum Meditieren entschließen mögen, aber dennoch von zu vielen Reizen überlastet sind.

Setzen Sie sich dazu an einen einsamen Ort, an dem Sie sich wohlfühlen. Machen Sie zunächst einige Fotos, um aus dem täglichen, unreflektierten Wahrnehmungsfluss herauszukommen. Oder sehen Sie sich einfach in aller Ruhe um. Dann legen Sie die Kamera (oder das Smartphone) zur Seite, nehmen einen Skizzenblock und einen Stift und legen los. Zeichnen Sie, was Sie sehen: in diesem Moment. Radieren Sie nicht. Folgen Sie einfach der Linie des Stiftes. Zeichnen Sie die Reise Ihrer Blicke. Bewerten Sie nicht. Notieren Sie Worte, Gedanken, Farben, Gerüche, Temperaturen. Nehmen Sie mehrere Blätter. Versuchen Sie nicht, alles auf ein Blatt zu bringen. Scribbling übt einfach das Wahrnehmen: das Sein. Und Sie werden merken: Die Anstrengung der Reizüberflutung weicht einer schönen inneren Ruhe.

ÜBUNG

In dieser Übung geht es darum, die Sinne zur Ruhe zu bringen. Legen Sie sich bequem auf den Rücken. Achten Sie darauf, dass Ihr Lendenbereich Bodenkontakt hat. Winkeln Sie gegebenenfalls Ihre Beine an und richten Sie Ihre Füße leicht nach innen. Legen Sie ein Buch unter Ihren Kopf, das den Höhenunterschied zu Ihrer Rückenlinie angenehm ausgleicht. Schließen Sie Ihre Augen und konzentrieren Sie sich auf Ihr Gehör. Benennen Sie alles, was Sie hören, und legen Sie dann den Sinneseindruck beiseite. Wenden Sie sich einem neuen akustischen Phänomen auf dieselbe Weise zu. Sie werden mit der Zeit innerlich angenehm ruhig werden, vielleicht sogar einschlafen.

Der zweite Weg: Andere in Ruhe lassen

Der nächste Schritt ist es, die Ruhe auf unsere Begegnungen auszudehnen. Das schaffen wir, wenn wir unsere Mitmenschen einfach sein lassen können: in ihren Eigenarten, ihren Haltungen, ihren Kommunikationsweisen – ohne Bewertung und Anspannung, stattdessen akzeptierend und (wie Ashoka) freundlich und intensiv zuhörend. Damit geben Sie Ihren Gesprächspartnern Raum. Diese benötigen ihrerseits keine Anspannung mehr und können zur Ruhe kommen: dadurch, dass Sie sie einfach so sein lassen, wie sie sind. Ein hilfreicher Merksatz für die Umsetzung ist:

Der Mensch vor mir tut sein Bestes und will glücklich sein.
Genau wie ich.

Sie werden sehen: Diese freundliche innere Haltung – nennen wir sie Akzeptanz – wirkt wie eine Einladung. Menschen kommen gern auf Sie zu und freuen sich über den Kontakt zu Ihnen. Sie fühlen sich wahrgenommen, dabei aber weder bewertet noch reduziert. Das ist nicht immer selbstverständlich und tut daher richtig gut! Besonders intensiv wirkt die Haltung der Akzeptanz auf Kinder. Noch schneller als Erwachsene gehen sie dorthin, wo sie Entspannung spüren.

Der Dalai Lama hat es einmal auf den Punkt gebracht: Willst du glücklich sein, übe Mitgefühl. Willst du andere Menschen glücklich machen, übe Mitgefühl.[11]

Begegnung in der Auszeit

»Are we disturbing your peace?« Tom sitzt auf einer einsamen Kaimauer auf Skye (Schottland). Ein älterer Herr mit erwachsener Tochter und Enkelin sind hinzugekommen. Tom atmet durch. »Nein, nein, Sie stören meinen Frieden nicht. Wir gehören doch alle hierher.« Und dann entspinnt sich ein Gespräch über Hunde (zwei tolle Exemplare sind dabei), über das Verhältnis von Mensch und Natur und darüber, dass es keinen Zufall gibt. So leicht kann es gehen.

Toms Begegnung in der Einsamkeit von Skye wird zu einer schönen, nachdenklichen Begegnung im Gespräch, aus der alle Beteiligten etwas mitnehmen.

Der dritte Weg: Wachstum im Ruheraum

Der dritte Weg ist eine Folge aus den beiden ersten. Unsere eigene Ruhe und unser ruhiger Blick auf die anderen wirken auf Menschen einladend und angenehm. Das, was in den Ruheräumen Platz findet, beginnt sich zu entwickeln und auszudehnen.

Mensch gehen gern dorthin, wo die Entspannung ist.

In einem entspannten Gespräch können wir es schaffen, mit anderen Menschen »zusammenzuklingen«. Seriös heißt das: Resonanz. In der Resonanz erfahren wir, dass wir miteinander in Beziehung treten und uns gegenseitig sehen und antworten können.[12] Unter diesen Bedingungen wird – in aller Ruhe – eine echte Begegnung möglich.

Die Kunst der Ruhe in der Aktion

Ein Gespräch ist intelligente Muße und insofern mit dem Spiel verwandt, das im dritten Kapitel (Unterkapitel »Das Gespräch als Spiel«) zum Thema wird. Inzwischen haben Sie sicher bemerkt: Die Ruhe, die ihm zugrunde liegt, ist nicht das Gegenteil von Aktion. Weder Ashoka noch Doris noch Tom sind in ihren ruhigen Grundhaltungen inaktiv – sie tun etwas, aber aus einer inneren Haltung der Stille heraus. In ihrem Tun kann mit Ruhe etwas Neues entstehen.

Warum ist das so? Vermutlich, weil wir, zwischen Geborgenheit und Flucht, ständig darüber entscheiden, ob wir bleiben oder gehen wollen. Und weil wir uns instinktiv Menschen und Orte suchen, wo wir für eine Zeit sicher sind und Raum haben. Und manchmal dürfen wir die schöne Erfahrung machen, dass es Menschen gibt, die mit uns durch diese Landschaften hindurchgehen: in Begegnungen im Gespräch.

Auch die Natur mit ihren Gesetzen zeigt, dass Ruhe und Bewegung, Stille und Aktion keine Gegensätze sind. In unserem Körper ist das Herz ein guter Zeuge dafür, was Ruhe in der Aktion an Kraft und Ausdauer zustande bringt. Längs und quer gestreifte Muskeln arbeiten zusammen – Kontraktion und Entspannung finden durch den speziellen

Aufbau im selben Moment statt. Diese Ruhe mit gleichzeitiger Aktion macht das Organ zur leistungsfähigsten Biomaschine überhaupt. Verbunden mit der Mentalität und Lebensweise einer Riesenschildkröte sind locker 200 Jahre Pumpen möglich.

Ruhe ist nicht das Gegenteil von Aktion.

Auch auf einer anderen physikalischen Ebene lässt sich beobachten, dass der Eindruck von Ruhe im Sinne von Bewegungslosigkeit täuscht und die Aktion hinzuzudenken ist: Alle Elementarteilchen sind in einer Grundbewegung, einer Grundschwingung. Sie haben die Eigenschaft, sich durch elektrostatische und Gravitationskräfte aufeinander zuzubewegen. Diese Eigenschaft der Anziehung kann im Extremfall so stark werden, dass selbst das Licht nicht mehr entweichen kann. Dann sprechen wir von sogenannten schwarzen Löchern. Doch diese sind noch kein Endstadium. Sie bilden die Grundlage für neue, riesige Explosionen, aus denen – wieder für eine Zeit – neue Räume und Zeiten entstehen können, neue Bedingungen für neues Leben. Keine Statik, vergleichbar dem Schlag unseres Herzens, sondern eine Art liegende Acht in stetiger Wiederkehr.

Zurück ins tibetanische Kloster

Gehen wir dazu noch einmal zu Ashoka zurück. Woher hat der Abt das Wissen, dass sein Gast dieses eine Jahr braucht, um nicht nur Antworten zu finden, sondern die eigentlichen Fragen selbst für sich entdecken zu dürfen: Wie finde ich das Glück im Moment? Wie lerne ich, von mir selbst endlich abzusehen und in meinem Tun oder in meinem Lassen aufzugehen?

Womöglich hatte der Abt dieses Wissen nicht, bevor er unseren Freund traf. Aber er kann in der konkreten Begegnung mit ihm spüren, was dieser genau jetzt braucht. Er kann die Signale seines Gastes deuten und mit seiner Erfahrung verbinden. Dabei sieht er im Moment der Begegnung völlig von sich selbst ab. Im zweiten Gespräch, am Ende des Jahres, kann unser Freund dies auch: Denn sein einst so dringendes Ich-Anliegen ist weg. Wenn zwei Gesprächspartner in ihrer Begegnung jeweils von sich selbst absehen und zum anderen hinsehen können, dann ist das eine praktische Anwendung von Ruhe und Aktion.

Was wir von Musikern über Begegnungen lernen können

Profimusiker kennen über ihre Praxis den Zustand der Ruhe und der Aktion, den sie brauchen, um ein Musikstück optimal zum Leuchten bringen zu können. Viele berichten, sie hätten oft sogar keine Erinnerungen an eine Konzertsituation. Der Flow scheint alle für die Erfahrung der Welt nötigen Mechanismen, Sinneseindrücke, Rückkoppelungen zum bereits Erlernten und Erfahrenen, das Abwägen und Einordnen von Stimmungen nicht zu brauchen. Das Bewusstsein scheint entkoppelt, wie in einer Anderszeit (Csíkszentmihályi 2017).

Dann und nur dann überträgt sich die Musik in ihrer Fähigkeit, zu den unterschiedlichsten Menschen im selben Moment wirksam zu sprechen. Hier treffen sich Sender und Empfänger. Was gibt es da zu üben? Ja, es gibt Techniken: des Ausdrucks, der Beweglichkeit, der Strukturen des jeweiligen Stücks, spontanes Abrufen und Neukombinieren in der Improvisation. Simultaneität aller Prozesse beim Vom-Blatt-Spiel und, vielleicht das Wichtigste: Stille. Immer wieder Stille. Denn so wie Malen Schauen und Schreiben Lesen bedeuten, bedeutet Musizieren Hinhören, Zuhören. Stillwerden. Das gilt auch für das gelingende Gespräch, wenn Sie mit den drei genannten Schritten die Ruhe nutzen: Finden Sie die Ruhe in sich selbst. Werden Sie in dieser Ruhe offen für Ihr Gegenüber. Und dann warten Sie, was an Neuem entsteht!

Entschleunigung im Gespräch

Zum Glück lässt sich unser Leben nicht vollständig planen. Das wäre katastrophal. Das Wichtigste entsteht im dritten der drei oben genannten Schritte der Ruhe: Seien Sie offen für Überraschungen, für Spontanes, für Ungeplantes, das unverhofft guttut – eben *weil* es unverhofft geschieht. Oder andersherum: Wen würden *Sie* gern einmal überraschen – und womit – und wann wäre dies möglich? Einen anderen Menschen überraschen macht mindestens genauso viel Spaß, als würden Sie selbst überrascht. Auch das kann ruhig geschehen: Der Abt Ashoka zu Beginn dieses Kapitels schafft die Überraschung bei seinem Gast mit einer einzigen ruhigen Frage.

Mit den Anregungen aus diesem Abschnitt können Sie sich selbst und Ihren Gegenübern den Druck nehmen, der in unserer Gegenwart fast selbstverständlich zu sein scheint. Der Zeitdruck ist nur einer davon – aber ein wesentlicher. Wenn Sie entspannt die Ruhe in der Aktion pflegen, sich selbst den Druck von den Schultern nehmen, dann werden Sie zu einer Person, die andere anzieht und zu Begegnungen im Gespräch einlädt.

Die nachfolgende Liste soll Ihnen helfen, die Ruhe in der Aktion im Gespräch zu pflegen – und viele schöne Begegnungen soll Sie Ihnen bringen!

▣ CHECKLISTE: Entspannte Gespräche

Den Ort der Begegnung planen: Wo soll sie stattfinden und wie lange soll sie dauern? Ist die Umgebung für alle möglichst angenehm? Wie wäre es mit einem gemeinsamen Lunch oder Dinner, privat oder auswärts? Oder mit einem Spaziergang oder einer Bootstour?	❑
Mich regelmäßig fragen: Ist da, wo ich bin, eine Person, mit der ein Gespräch möglich wäre (z. B. in einem Zugabteil, einer Hotellobby, an der Kasse …)? Und hätte ich Lust darauf?	❑
Reflektieren: Wann, wo und wie werde ich eingeladen, um Rat gefragt oder einfach nur angesprochen? Was lerne ich daraus über meine Wirkung?	❑
Innehalten bei spontanen Begegnungen: Möchte ich das jetzt? Ist mein Interesse oder mein Mitgefühl geweckt? Wie geht es mir gerade physisch und stimmungsmäßig?	❑

Stehen beim letzten Punkt die Signale auf Grün: fein. Wenn es gerade nicht passt, ist auch eine freundliche Ansage eine Begegnung: Sagen Sie, dass es gerade nicht passt, und fügen Sie eine kurze, für Ihr Gegenüber verständliche Begründung hinzu. Das ist besser als ein Gespräch gegen Ihren eigentlichen Willen, also unter äußerem Druck. Denn den wollen wir ja genau loswerden. Sagen Sie also ruhig: »Bitte entschuldigen Sie, ich bin gerade beschäftigt. Wollen wir vielleicht in zehn Minuten …?«

Ein letzter und sehr wirkungsvoller Entschleuniger ist folgende Überlegung:

> **Ich möchte gerade unbedingt XYZ sagen, aber ich warte noch einen Moment und lasse diesen meinem Gegenüber.**

Oder diese:

> **Ich verzichte darauf, schnell meine Gedanken loszuwerden. Stattdessen frage ich noch einmal genau nach und erweitere dadurch den Raum meines Gegenübers.**

Wir wünschen Ihnen viele entspannte Gespräche ohne Druck – in denen viel, viel entstehen darf!

Ein Epilog in Ruhe: Begegnung ohne Gespräch

Dänemark, Bovbjerg Fyr. Ein alter Leuchtturm, heute Museum und Galerie. Stürmischer Seewind und eine größere Besuchergruppe. Es ist betriebsam. Im Eingangsbereich durchqueren die Menschen eine kleine Vorhalle, um danach zu Kasse und Garderobe zu gelangen. Mitten in dem Gewusel spielt friedlich und in sein Tun vertieft ein kleiner Junge. Er steuert einen Holzzug mit lustigen Stoffmonstern durch die Beine der Besuchenden durch seine eigene Welt: schnell und langsam, mit und ohne Ton, mit Kurven, Vollbremsungen und Langstrecke. Die Erwachsenen lächeln den Kleinen an. Immer machen sie ihm Platz. Und alle achten darauf, ihn nicht aus Versehen zu treten.

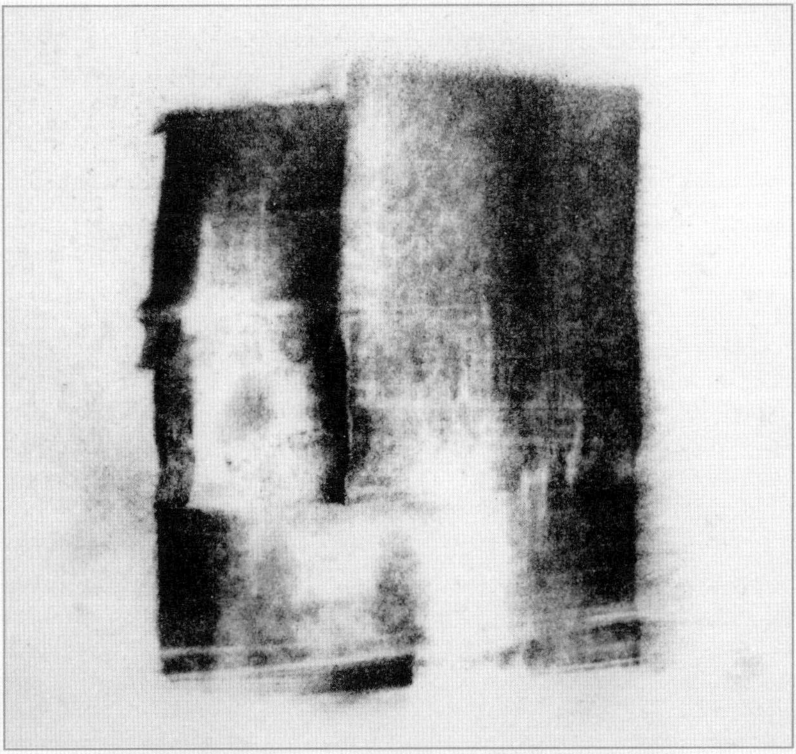

Tom Peters, Mann, Kohle, Holzdruckpresstechnik, 2014

Tom Peters, Frau, Aquarell, Öl, Lack, 2017

3. Vom Hin und Her ins Hier und Jetzt

Das Bedürfnis, sich zu unterhalten, allein
hält keine Unterhaltung am Leben.
Theodore Zeldin (1997)

Ein echtes Gespräch mit Ausrichtung am anderen schafft Unmittelbarkeit – statt Zerstreuung – und mehr Freude!

Die Affen im Hirn

Wenn es eine Schwierigkeit gibt, für die unsere Zeit einmal bekannt sein wird, dann ist es unsere Neigung, abgelenkt zu sein. Davon zeugt auch folgendes Gespräch:

Beim Kaffeetrinken nach dem Sport

Klara: *Also, ich will den Kleinen ja eigentlich weiter impfen lassen. Aber jetzt sagt eine Mutter im Kindergarten, dass das gefährlich ist.*

Mona (tippt eine Textnachricht in ihr Mobiltelefon): *Hmmm …*

Gitta: *Also, Masern sind schon ziemlich gefährlich. Da würde ich kein Risiko eingehen.*

K (googelt Masern und Nebenwirkungen)

M: *Ich muss mal wieder meine Tetanusimpfung auffrischen lassen.*

Diese Tendenz zur Ablenkung hat rein äußerlich vor allem zwei Gründe. Erstens sind wir von Störungen umgeben, und diese Störungen reißen uns, wenn wir sie uns nicht rabiat vom Leib halten, aus unserer Konzentration. Denken Sie zum Beispiel an die kleinen Fenster, die auf Ihrem Bildschirm neue E-Mails ankündigen, an das läutende Telefon oder an den Ton einer eingehenden Textnachricht.

Zwei Gründe für Ablenkung sind: Störungen und Monkey Mind.

Zweitens verlieren wir immer mehr die Fähigkeit, längere Zeit bei einer Sache zu bleiben. Unsere Gedanken fliegen wie Schmetterlinge von Blüte zu Blüte, und viel stärker als früher lassen wir sie weiterfliegen, anstatt sie behutsam wieder auf die Blüte unserer Wahl zu setzen. Die Buddhisten nennen unsere Ablenkbarkeit fröhlich »Monkey Mind«, also Affengeist, und das klingt erst einmal nett. Aber wenn die Affen für unseren Geist offensichtlich schon vor Jahrhunderten eine Heimsuchung waren, dann muss es sich inzwischen um lauter kreischende Horden hysterischer Primaten auf Koks handeln, die in unseren zeitgenössischen Gehirnen wilde Partys veranstalten. All die Websites, Kontakte, Nachrichten, Inboxen, Videos und Informationen und Postings mit Kätzchen geben den Affen Zucker. Jedes Mobiltelefon, jeder Computer und jedes Tablet stellt die Affennahrung sicher.

Und unser Hirn gewöhnt sich gern daran: Lauter kurze, interessante Eindrücke und nettes Entertainment scheinen erst einmal weniger anzustrengen als ein tiefes, konzentriertes Sichhinwenden zu einem Thema oder zu einem Menschen. Die Affen sind nicht unbedingt feindliche Eindringlinge. Sie bedienen die Bereiche in unserem Hirn, die gefühls- und nicht verstandesgesteuert sind. Sie sitzen an den Hebeln unserer Belohnungsmechanismen. Diese Mechanismen sind es, die der Netflix-Serie den Vorzug vor dem Roman und der eBay-Versteigerung mehr Aufmerksamkeit als dem Vorstandsbericht geben.

Mentales Fast Food, schnell und leicht zu haben, scheint im Belohnungstrakt des Hirns erst einmal besser anzukommen als ballaststoffreiche Denk- und Fantasienahrung.

Die Belohnung ist dabei durch zwei Merkmale gekennzeichnet: Sie erfolgt »sofort« und »ständig«. Ständig etwas Neues und Überraschendes, ständig wechselnde Sinneseindrücke, ständige Wechsel zwischen Tweets, WhatsApp-Nachrichten, Bildern, Filmen und digitalen Zusammentreffen: Die Affenfiesta ist allgegenwärtig. Das große Schreckgespenst ist die Langeweile; es soll ständig etwas passieren und ständig eine Verbindung zu anderen Menschen gesichert sein. Genau das bieten Smartphones und Apps, soziale Medien und Websites. Sie machen es uns leicht, stehen immer bereit und simulieren eine permanente Verbundenheit mit anderen und der Welt – eine Verbundenheit, die keine ist. Und irgendwann dämmert es uns, dass wir in all dem bunten Ablenkungszirkus etwas ganz Wichtiges versäumt haben könnten. Sehr oft bleibt dann ein Gefühl von Wertlosigkeit zurück.[13]

Doch es gibt auch gute Nachrichten. Wir sehen hier nur einen einzigen (ziemlich düsteren) Ausschnitt, keinesfalls aber das ganze Bild. Ein echtes Gespräch stillt durchaus *auch* wichtige Bedürfnisse, die wir Menschen haben. Selten fühlen wir uns so gut wie in einem Austausch, in dem wir über etwas reden, das uns wirklich interessiert, und der in einer menschlich wertschätzenden Atmosphäre erfolgt, in der geredet *und* zugehört wird.

Ein gutes Gespräch ist nicht einfach nur eine rationale Tätigkeit. Alles, was wir Menschen tun, hat rationale und emotionale Aspekte, ist manchmal vernünftig und manchmal unvernünftig, und es ist mit Lust oder Unlust verbunden. Wenn wir bewusst auf unser Gegenüber achten, empfinden wir im besten Fall Freude daran und sind aufmerksam. Wenn unser Gegenüber diese Aufmerksamkeit erwidert, dann ist das eine gute Voraussetzung für ein Gespräch: Dann blenden wir in den meisten Fällen einen großen Batzen von dem aus, was uns ablenken könnte.

Alternatives Futter fürs Belohnungszentrum: sich wohlfühlen durch Aufmerksamkeit – und interessante Inhalte.

Das ist leicht zu verstehen: Freundliche Aufmerksamkeit tut uns gut, weil sie Verbindung schafft. Wir fühlen uns wohl. Wenn wir dann auch noch etwas Interessantes erfahren, schmeckt das unserem Belohnungszentrum ähnlich gut wie Schokolade (und das kalorienfrei ☺).

Kurz: Wenn wir mit einem aufmerksamen Gegenüber etwas Spannendes bereden, dann ist das eine Möglichkeit, die Energie der hopsenden Affen in unseren Hirnen zu bündeln. Es tut uns außerdem auch richtig gut.

Die vier Emotionssysteme

Profis aus ganz verschiedenen Bereichen wie der Psychologie, der Soziologie, der Philosophie, der Wirtschafts- und der Politikwissenschaften und auch der Neurowissenschaften sind sich einig: Der Einfluss unserer Gefühle[14] auf unsere Wahrnehmung und unser Handeln ist enorm. Wir können das Hirn heute sogar dabei beobachten, wie es sich nach unseren Gefühlen richtet. Eine der entscheidenden Publikationen, die die Folgen beschreiben, ist *Schnelles Denken – langsames Denken*, der Bestseller des Nobelpreisträgers Daniel Kahneman (2012).

Das, was die Wissenschaft uns unter die Nase reibt, ist für unser Selbstverständnis nicht gerade schmeichelhaft: Es sind unsere emotionalen Impulse, die uns etwas kaufen, entscheiden, vertreten oder bereden lassen, und nicht unsere Logik und unser bewusstes Denken. Das gefühlsbasierte »schnelle« Denken ist immer aktiv, sehr schnell und hilft uns in Alltagssituationen, mühelos zu urteilen und zu handeln. Das verstandesbasierte »langsame« Denken braucht viel mehr Energie, ist begrenzt und auch anstrengender. Es wird nur dann aktiv, wenn es sich lohnt: wenn beim schnellen Denken etwas Ungewohntes, etwas Kompliziertes oder etwas Gefährliches auftaucht. Das kann eine beunruhigende Frage sein wie »Was haben Sie sich denn dabei nur gedacht?« oder überraschend ein Elefant im Straßenverkehr.

Das Lustige ist: Wir denken (im langsamen Modus), dass wir verstandesbetont denken und handeln. Aber das ist eine Selbsttäuschung. Über 70 Prozent unseres Verhaltens – und das ist eine konservative Schätzung! – sollen auf Gefühle und damit auf meist vorbewusste Abläufe zurückzuführen sein, also auf das schnelle Denken.

Das Gefühl ist der heimliche Chef.

Manchmal führt es uns an der Nase herum, das schnelle Denken, aber das soll hier nicht Thema sein. Wichtig ist nur: Wir leisten beeindruckend viel auf der Basis gefühlsbasierter Auswertungen, die unser Hirn vornimmt. Wenn Sie wissen wollen, um welche Hirnareale es hier geht, empfehlen wir Ihnen das Buch *Think Limbic* von Hans-Georg Häusel (2014). Dort sind alle neurobiologischen Grundlagen gut verständlich beschrieben.[15]

Es gibt vier wichtige Bewertungsinstanzen[16] für schnelles Denken und Wahrnehmen. Häusel nennt sie Instruktionen, weil sie wie biologische Imperative funktionieren. Mit anderen Worten: Wir können uns ihrem Einfluss nicht entziehen. Auf allen Ebenen des Lebens begleiten sie uns: wenn wir morgens aufstehen, Sachverhalte bewerten, Sport treiben, Freunde treffen, ein neues Auto aussuchen, uns verlieben, über den Sinn des Lebens nachdenken – oder eben miteinander reden. Nach der Pubertät sind die Bewertungsinstanzen ziemlich stabile Teile unserer Persönlichkeit.

Sehen wir uns diese vier Emotionssysteme einmal in einer Übersicht an. Generell gibt es zwei Grundsätze, nach denen wir fühlen: Wir wollen uns sicher fühlen, also erhalten und bewahren, was ist. Und wir wollen nach außen wirken, unsere Reviere ausdehnen und Dinge ändern, also etwas riskieren, versuchen und entdecken. Deshalb sehen Sie hier zwei Spalten, zu denen je zwei Systeme gehören (siehe Tabelle auf folgender Seite).

Erhaltend und bewahrend	Riskant, expandierend, entdeckend
Balance	**Dominanz**
Sicherheit Geborgenheit Beständigkeit Gewohnheiten Ordnung Einhaltung von Regeln Ausgeglichener Energiehaushalt Absichern des Status quo / des Erreichten Vorbeugung	Sich durchsetzen Macht Territorien Status Autonomie Willenskraft Regelüberschreitungen Karriere Effizienz Leistung Anerkennung
Harmonie[17]	**Stimulanz**
Soziales Emotionssystem Menschliche Bindungen Familie und Freunde Soziale Zugehörigkeit Starke Beziehungen Fürsorge Wärme Gemütlichkeit Entspanntes Sichwohlfühlen	Lust, Spaß Reize Risiko Entdeckung, Neugier Spiel Unterhaltung Genuss Innovationen Grenzerfahrungen Extravaganz Auffallen wollen

Die vier Emotionssysteme des Unterbewussten

Optimalerweise haben wir in allen vier Bereichen gleichzeitig gute Gefühle. Weil das Leben aber fast nie ideal ist, müssen im Normalfall ein, zwei oder sogar drei Instruktionen zurücktreten. Je nach Persönlichkeit ist das mehr oder weniger schlimm. Wenn Sie beispielsweise keine Risiken mögen, weil Sie stark von Balance geprägt sind, dann werden Sie das Risiko auch nicht vermissen. Wenn Sie andererseits etwas tun, was Ihnen Sicherheit oder Geborgenheit bringt – nehmen wir ein vertrautes Abendessen in der Familie in einer bewegten Lebensphase –, dann werden im Belohnungszentrum Ihres Hirns Opioide ausgeschüttet, Stoffe, die uns mit Wohlgefühl versorgen, wenn wir unserer Persönlichkeit entsprechend leben. Hier sind einige Beispiele, die Ihnen zeigen, wie wir uns in Abhängigkeit von unseren besonders starken Emotionssystemen entscheiden. Das, was die Systeme uns schicken, nennen wir Instruktionen – der Begriff verdeutlicht, dass wir über eine Form von Anweisungen sprechen.

Vorrang von Instruktionen

Dominanz vor Balance: An Ihnen bleibt ein Großteil der Hausarbeit hängen. Deshalb wünschen Sie sich neue Regeln für die Verteilung von Hausarbeit und machen das auch zum Thema. Dieses Ausleben von Dominanz stört die gemütliche Gewohnheit in der Familie, sorgt aber auch für mehr Respekt Ihnen gegenüber.

Balance vor Stimulanz: Sie kaufen ein neues Auto. Dabei entscheiden Sie sich für den sicheren, geräumigen und durchweg familienfreundlichen Kombi und gegen den Sportwagen, der Ihnen viel mehr Spaß machen würde.

Stimulanz vor Dominanz: Sie bitten Ihre Chefin um ein Sabbatical, weil Sie eine Weltreise machen und sich damit einen großen Traum erfüllen wollen. Es ist Ihnen klar, dass dieser Schritt karrieretechnisch seinen Preis hat.

Harmonie vor Stimulanz: Sie nehmen während einer Weiterbildung abends die einstündige Fahrt nach Hause auf sich, anstatt sich mit den anderen Teilnehmenden einen schönen Abend zu machen. Stattdessen hüten Sie Ihre Nichte und Ihren Neffen und unterstützen so Ihre Schwester und deren Familie, die gerade durch eine schwierige Phase gehen.

Die verschiedenen Emotionssysteme sind im Hirn nur lose miteinander verbunden. Deshalb gibt es Mischeffekte, wenn mehrere Instruktionen stark ausgeprägt sind. So ist zum Beispiel die Neigung zu Abenteuern eine Mischung aus starker Dominanz und starker Stimulanz. Die Neigung zu Disziplin verbindet Dominanz mit Balance. Die Fähigkeit zu Genuss speist sich aus einer Verbindung von Stimulanz und Balance.

Ganz wichtig: Wir können unseren Autopiloten ausschalten und unsere Entscheidungen mit dem Verstand, also dem Bewusstsein, steuern. Das macht uns freier und lässt uns vor allem schwierige Situationen besser lösen, als wenn wir einfach unseren Impulsen nachgeben. Und natürlich gibt uns diese Fähigkeit auch im Gespräch Freiheiten.

Ablenkung und Konzentration im Gespräch – limbisch erklärt

Alle Menschen haben die vier Steuerungsmechanismen, die Sie gerade kennengelernt haben. Sie sind je nach Persönlichkeit unterschiedlich ausgeprägt. Häusel unterscheidet insgesamt sieben »limbische Typen«: Abenteurer, Performer, Disziplinierte, Traditionalisten, Harmoniser, Genießer und Hedonisten.[18] Deshalb bewerten wir, wenn wir miteinander reden, auch ein und dieselbe Situation nicht gleich: Was für die eine hoch spannend ist, ist für den anderen gähnend langweilig. Der folgende Überblick gibt Ihnen einen Eindruck darüber, was uns im Gespräch wichtig sein kann – je nachdem, welche der vier Autopiloten in uns das Sagen haben.

Erhaltend und bewahrend	Riskant, expandierend, entdeckend
Balance	**Dominanz**
Beharren, bei etwas bleiben Rat suchen Hilfe suchen Bedenken, Sorgen äußern Konfliktvermeidung Gewohnheiten (Stammtisch, Jour fixe, regelmäßige Wiedersehen)	Recht haben wollen Eigene Gedanken anbringen Themen besetzen Ideen ausdehnen Widersprechen Argumentieren Andere zum Zustimmen oder Einlenken bringen
Harmonie	**Stimulanz**
Beziehungen zu Familie und Freunden pflegen und vertiefen Anderen beistehen Probleme und Schwierigkeiten teilen Versöhnen Kompromisse	Spannende Themen Genussvolle Gespräche Spektakuläre, provokative Themen und Behauptungen Tabubrüche Humor, Spaß Entertainment

Die vier Emotionssysteme im Gespräch: Was wir mögen

Nachfolgend ein Beispiel aus dem erweiterten Verwandtenkreis. Die Namen haben wir natürlich wieder geändert, um keinen Ärger zu bekommen. Wir lassen also das soziale Emotionssystem regieren: die Harmonie. Es treten auf: der (ältere) Onkel Otto und seine Nichte Emily (25).

Jetzt sag doch mal, was du denkst!

Otto: *Die spinnen doch in der SPD. Kein Wunder, dass sie in den Wahlen jetzt abschmieren.*

Emily: *Die haben es gerade schwer. Sie bekommen von links und von rechts Probleme.*

O: *Ach, hör mir auf. Die haben doch überhaupt keine Ideen. Und das bisschen, was da ist, das verkaufen sie nicht gut.*

E: *Na ja …*

O: *Jetzt sag doch mal, was du denkst. Das sind doch alles Fakten.*

E: *Ich will mich nicht streiten.*

O: *Wieso streiten???*

Otto und Emily bewerten die Situation völlig unterschiedlich. Onkel Otto, der stark von Dominanz geprägt ist, will seine Meinung anbringen – und natürlich hat er eine. Emily ist dagegen sehr harmoniebedürftig; das Gespräch stresst sie. Richtig spannend wird es, als Otto mit Sarah (30) weiterredet, die mit am Tisch sitzt. Denn Sarah ist ebenfalls eher auf der rechten Seite der obigen Übersicht.

Jetzt hör mal auf!

Sarah: *He, Otto, jetzt hör mal mit der SPD-Lästerei auf. Die ganze politische Landschaft hat sich doch verschoben. Die CDU ist auch nicht gut dran. Die Gewichte verschieben sich eben.*

Otto: *Ja, und die SPD macht immer das Allerdümmste.*

S: *Ach, Quatsch. Die formiert sich gerade neu. Klar machen die nicht alles richtig. Aber es gibt einige gute Ansätze. Zum Beispiel …* (nennt Beispiele)

O: *Aber das reicht doch nicht!*

S: *Mensch, Otto. Gib ihnen etwas Zeit. Die müssen sich eben jetzt sortieren.*

Sarah hat wie Otto die Neigung, sich von Dominanz steuern zu lassen. Das sorgt in der Diskussion für eine ganz andere Dynamik als in dem Gespräch, das Otto zuvor mit Emily hatte. Beide Gesprächspartner haben kein Problem damit, auch einmal konfrontativ zu werden. Sie fühlen keinen Stress, sondern sind engagiert dabei. Von Ablenkung keine Spur. Das Beispiel zeigt nur die Phase, in denen die beiden mit ihrer Dynamik »aufeinanderprallen«. Ob das Gespräch insgesamt für die beiden bereichernd ist, entscheidet sich erst im weiteren Verlauf. Nur Emily zieht sich zurück, bedient sich erst einmal am Kuchenbuffet und wirft einen Blick auf ihr Mobiltelefon. Für sie ist die Ablenkung eine Erleichterung – sie hat das Gefühl, eine anstrengende Situation überstanden zu haben.

Wir vergessen jede Ablenkung, wenn wir in Gesprächen stecken, die uns persönlich emotional ansprechen.

Haben Sie selbst mit Ablenkung zu kämpfen? Dann haben Sie jetzt einen Schlüssel, wie Sie sie verringern und in Ihre beste Konzentration kommen können: Leben Sie art-, genauer gesagt: persönlichkeitsgerecht!

Was macht Ihnen so viel Lust auf ein Gespräch, dass Sie (fast) jede Ablenkung übersehen? Wo ist der Bereich, der spannender ist als die Affen in Ihrem Hirn? Am einfachsten identifizieren Sie die Emotionssysteme, die bei Ihnen besonders stark sind, über einen Test auf der Website von Hans-Georg Häusel: http://www.haeusel.com/limbic-test/.

Mit diesem Wissen suchen Sie bitte die Dinge im Gespräch, die Ihnen gefallen. Versuchen Sie, Ihr jeweiliges Gegenüber, die Themen und den Stil des Gesprächs so zu gestalten, dass sie zu Ihnen passen – genauer gesagt: zu Ihren Emotionssystemen. Dann werden Ihnen zwei Dinge leichtfallen: *aufmerksam zu sein* und *sich wohlzufühlen*.

Damit Ihnen das gelingt, brauchen Sie die Fähigkeit, das Gespräch zu steuern. Wenn Sie es schaffen, das Gespräch an Ihre Bedürfnisse anzupassen, dann bekommen Sie gleich zwei Vorteile: weniger Ablenkung und mehr Qualität!

Aufmerksamkeit und *Wohlfühlfaktor* – wie können die konkret aussehen? Nachfolgend bekommen Sie ganz konkrete Anhaltspunkte und Beispiele. Beginnen wir mit der Aufmerksamkeit.

Aufmerksamkeit wie von selbst: Hirngerechte Gespräche

Fragen wir einmal gegen den Strich: Welche Eigenschaften sollte ein Gespräch haben, von dem wir uns *nicht* so leicht ablenken lassen? Eine Begegnung im Gespräch kann unsere Aufmerksamkeit fesseln und es uns leicht machen, zuzuhören und uns zu beteiligen – bis hin zur Faszination. Ablenkung ist dann auf einmal kein Problem mehr. Wenn das passiert, ist in aller Regel mindestens einer der vier folgenden Faktoren beteiligt.

Die vier Aufmerksam-Macher

1. Das Gespräch ist bedeutsam

Wenn wir ein Thema sinnvoll und interessant finden, dann erreicht es nicht nur unsere Verstandes-, sondern auch unsere Gefühlswelt. Die Hirnforschung weiß heute ganz sicher: Wir lernen und behalten die Inhalte, die uns emotional ansprechen. Und umgekehrt gilt: Wo uns etwas emotional anspricht, da fällt es uns ganz leicht, genau hinzuhören und mitzudenken. Das kann daran liegen, dass uns bestimmte Themen besonders wichtig sind. Eine Begegnung kann aber auch deshalb bedeutsam sein, weil die Begegnung selbst besonders ist: zum Beispiel dann, wenn wir spüren, dass unser Gegenüber »echt« ist, seinen Schutzschild für einen Moment wegnimmt, seine Verletzlichkeit zeigt und zu dem steht, was es für wahr und wichtig hält.

Inzwischen wissen Sie schon, dass die Bedeutung eines Gesprächs von Ihren emotionalen Steuerungsmechanismen abhängt. Nehmen wir als Rahmenthema das Älterwerden. Dann findet der Stimulanztyp womöglich den neuesten Klatsch über Lifting und Haartransplantation des Nachbarn bedeutsam. Der Dominanztyp redet über Möglichkeiten, im Alter die größtmögliche Autonomie zu behalten, und tauscht Rechtsinformationen zur Testamentserstellung aus, um das Erbe zu steuern. Der Balancetyp mag es, Strategien zu entwickeln, die die Altersbezüge bombensicher machen. Der Harmonietyp teilt indessen vertrauensvoll seine Probleme mit dem Älterwerden mit seinem Gesprächspartner.

▸▸▸

2. Das Gespräch stärkt die Beziehung zwischen den Redenden

Seit Jahrtausenden sind Menschen gern in Gesprächen, in denen sie echte menschliche Nähe und Verbundenheit schaffen. Sie wissen schon, dass wir Menschen als »Hordentiere« auf Gemeinschaft angelegt sind. Wir bleiben deshalb gern intensiv dabei, wenn das Gespräch uns ein Wir-Gefühl gibt und wir uns mitsamt unseren Äußerungen angenommen fühlen. Wir erfahren Resonanz und Empathie. Allerdings gibt es zu diesem Punkt einen Vorbehalt: Wer überwiegend digital kommuniziert, also über soziale Medien, E-Mails, Chats und Textnachrichten, der oder die findet unmittelbare menschliche Nähe im Gespräch oft verunsichernd. Diese wird dann zur Anstrengung oder sogar zur Mutprobe. Doch selbst die simulierte Resonanz, also die Verbindung zwischen Menschen über Computer oder Smartphones, führt im Belohnungszentrum des Hirns zu neurochemischen Highs.

Auch hier wird die Aufmerksamkeit durch Emotionen gesteuert. Der Harmonietyp fragt nach der Familie, der Balancetyp bietet Hilfe an, während der Dominanztyp den Status zwischen den Redenden klärt und der Stimulanztyp eine ausgiebige gemeinsame Whisky-Verkostung in fröhlicher Runde und mit Comedy-Live-Act organisiert.

3. Das Gespräch schafft neue Möglichkeiten

Faszinierend wird es, wenn wir in Gesprächen etwas lernen und etwas Neues entwickeln können. Das kann dann passieren, wenn wir gemeinsam danach fragen, was möglich ist. Heraus kommt oft sehr viel mehr als das, was wir allein entwerfen können: einfach dadurch, dass wir Perspektiven, Ressourcen und Kompetenzen zusammenlegen. Die Folge: Optimismus, Zutrauen, neue Horizonte. Und jede Menge Freude und Motivation am Entwickeln. Die Gegenstände sind dabei beliebig: Auf der Basis eines Gesprächs kann ein Start-up entstehen, eine Ehe, eine Partei oder ein Kochrezept ...

Der Blickwinkel ist je nach emotionalem Schwerpunkt wieder individuell: Wir lernen, was uns etwas angeht. So sucht der Stimulanztyp neue Anregungen, der Dominanztyp die Ausweitung des eigenen Einflusses, der Balancetyp Sicherheit und der Harmonietyp Perspektiven für ein gutes Miteinander.

4. Das Gespräch macht Spaß

Dieser Aufmerksamkeits-Macher ist besonders für die limbischen Stimulanztypen wichtig: Sie sind ganz Ohr, wenn ein Austausch Spaß macht. Spaß ist für sie das Gegenteil von Langeweile. Sicher, ein unterhaltsamer Wortwechsel bringt vielleicht keine bahnbrechenden Erkenntnisse. Deshalb kommen Humor, Spaß und Witz als Gesprächszutaten manchmal nicht gut weg. So auch bei Theodore Zeldin, einem Meister der Konversation »Witz kann wie die *Nouvelle cuisine* sein. Man ist vielleicht geblendet, bleibt aber hungrig. Er kann den Geist schärfen, besitzt aber an sich keinen Nährwert.« (Zeldin 1999, S. 21)

Wir sind da anderer Meinung. Ein herzliches gemeinsames Lachen schafft eine schöne Art von Gemeinschaft und Beziehung. Damit hat der Spaß im Gespräch aus unserer Sicht sehr wohl einen Nährwert, denn er schafft ganz klar Begegnungen im Gespräch. Sogar lustige. Nicht zu vergessen diejenigen, die über sich selbst lachen können. So etwas können nur Menschen tun, die sich selbst nicht so furchtbar ernst nehmen. Das macht sie zu wunderbaren Gesprächspartnern – die wiederum richtig Spaß machen!

Im allerbesten Fall sind diese Bedingungen in einem Gespräch alle gegeben. Doch manchmal reicht schon eine, damit es zu einem intensiven, lebendigen Austausch kommt. Dann können die Beteiligten nicht nur Wissen und Energie freisetzen, sondern die Ablenkung verschwindet wie von selbst. Was uns anzieht, das zentriert uns. Und es macht Spaß.

Manchmal nimmt die Aufmerksamkeit erst im Verlauf eines Gesprächs zu, während es zunächst dahinplätschert. Hier ein Beispiel: Sylvia stärkt sich am Abend vor einem Seminar in einem Sushirestaurant im Ruhrpott. Dabei belauscht sie zwei Studentinnen am Nachbartisch. Also – sie kann gar nicht anders. Normalerweise tut sie das nicht …

Ich bin doch nicht nur ein Anhängsel!

S1: *Es ist also offiziell mit Adi und mir. Wir machen ziemlich viel zusammen.*

S2 (unkonzentriert): *Hmmm …*

S1: *Wir gehen jetzt auch auf Feiern und er stellt mich jetzt Freunden vor.*

S2: *Hmm …*

S1 (erzählt von diversen Treffen und Freunden)

S2 (ist weiter nur halb bei der Sache)

S1: *… und war jetzt schon mehrere Male auch bei Treffen mit seinen Kumpels dabei. Die sind eine ganz verschworene Gemeinschaft. Nur …*

S2 (sieht S1 an, wird aufmerksam)

S1: *Die reden immer über die gleichen Sachen.*
S2: *Wie jetzt?*
S1: *Na ja, sie reden immer nur über das, was sie schon gemacht haben, miteinander.*
S2: *Ja?!*
S1: *Und da war ich ja noch nicht dabei. Und ich kann deshalb auch nichts sagen. Es fühlt sich so an, als ob sie das extra tun. Aber ich weiß es nicht. Vielleicht machen sie es einfach nur so.*
S2: *Hast du das mal mit Adi besprochen?*
S1: *Ich habe Angst, dass er das falsch versteht. Dass er glaubt, ich will mich da irgendwie reindrängen.*
S2: *Er ist dein Freund. Er will doch, dass es dir gut geht.*
S1: *Hmmm. Was soll ich denn sagen?*
S2: *Du könntest ihn fragen, ob seine Kumpels immer über das reden, was sie erlebt haben. Einfach, als ob dich das interessiert.*
S1: *Ja …*
S2: *Und vielleicht hast du ja eine Idee, was sie zusammen planen könnten. Dann kommst du nicht als Meckertuss rüber, sondern du gönnst ihnen ja was.*
S1: *Wie meinst du?*
S2: *Na ja, sagen wir mal, sie reden über einen Tag im Stadion im letzten Jahr.*
S1: *Ja, die stehen auf Fußball. Definitiv.*
S2: *Dann sagst du so etwas wie: Der VfL hat im Mai wieder ein Freundschaftsspiel in Weißnichtwo.*
S1: *Ach so, du meinst, ich nehme einfach das, was möglich ist.*
S2: *Genau. Und außerdem kannst du Adi ja auch bitten, dich mehr einzubeziehen.*
S1: *Ich will nicht so bedürftig aussehen.*
S2: *Wenn es ihn nicht interessiert, ob es dir gut geht: Vergiss ihn, Baby!*
S1 (denkt nach)

Sylvia hat sich während des gesamten Gesprächs mit ihrem Sushi beschäftigt, diskret auf ihr Mobiltelefon gesehen und gehofft, dass sie nicht als Spitzel enttarnt wird. Sie bestellt die Rechnung.

Erinnern Sie sich noch an die verschiedenen Gesprächsformen aus dem ersten Kapitel?[19] Dieses Gespräch ist klar ein Personal Talk. S1 erzählt über ihre neue Beziehung. S2 wird aber erst dort aufmerksam, wo es um eine tiefere Schicht der Beziehung geht und S1 ihr auch ihr Problem mit den Freunden ihres Partners anvertraut. Es scheint so, als ob Balance ein wichtiger Steuerungsmechanismus für sie ist. Oder sie wittert eine Möglichkeit zur Dominanz. Das sind natürlich nur Hypothesen. Wichtig ist: S2 schaltet sich zu, weil sie sich emotional angesprochen fühlt, und wird mit eigenen Beiträgen aktiv. Der dahinplätschernde Monolog wird zum Dialog, das Reden zur Begegnung: weil jetzt *beide* konzentriert bei der Sache sind.

Was uns anzieht, macht uns aufmerksam.

Wir haben dieses Gespräch ausgewählt, weil in seinem Verlauf alle drei Bedingungen für Aufmerksamkeit erfüllt sind: Das Gespräch ist für beide bedeutsam, es stärkt ihre Beziehung und es ermöglicht neue Lösungen und Sichtweisen. Und ganz offensichtlich macht die Begegnung den beiden Studentinnen Freude – sie sind miteinander in einem Thema engagiert, das sie beide umtreibt.

Sich wohlfühlen statt Überstimulation: Eigenräume

Als zweiten Faktor für ein Gespräch, das wir mühelos ohne Ablenkung führen, haben Sie oben neben der Aufmerksamkeit das Wohlgefühl kennengelernt. Schauen wir einmal näher hin. Wieso sind wir weniger abgelenkt, wenn wir uns wohlfühlen? Die Antwort ist simpel: Wenn es uns mit uns selbst und anderen gut geht (passend zu unserem limbischen Emotionssystem[20]), dann hat unser Belohnungssystem einen guten Grund, bei der Sache zu bleiben.

Wie aber schaffen wir uns diese Wohlfühlräume? Die Antwort ist zweigeteilt. Es geht um Räume für uns selbst und um Räume, in denen wir anderen begegnen. Ja, tatsächlich: Wohlfühlräume für uns selbst sind die Voraussetzung dafür, dass wir anderen gut und auf sie ausgerichtet begegnen können. Vor allem für die Leisen von uns!

Introvertierte Ablenkung – und was dagegen hilft

Können Sie gut mit sich allein sein? Eigentlich eine merkwürdige Frage für ein Buch, das *Begegnung im Gespräch* heißt. Aber nur auf den ersten Blick. Die Kommunikation mit uns selbst haben wir bis jetzt ausgeblendet.

Dennoch ist wichtig: Am besten können wir dann anderen begegnen, wenn wir auch mit uns selbst kommunizieren und nach unseren Bedürfnissen und Interessen fragen. Am besten können wir Zeit mit anderen verbringen, wenn wir uns auch mit uns allein wohlfühlen und uns selbst genug sind. Und viele Dinge können wir nur dann erfahren, wenn wir den Lärm der Welt hier und da ausblenden, um zu innerer Ruhe zu kommen. Ganz besonders gilt dies für Sie, wenn Sie ein leiser Mensch sind, also eine introvertierte (wörtlich: nach innen gerichtete) Persönlichkeit.[21]

Wie Sie es schaffen, zu mehr innerer Stille zu kommen, wissen Sie schon aus dem letzten Kapitel. Als Intro schaffen Sie mit innerer Ruhe eine wichtige Voraussetzung dafür, dass Sie anderen mit wenig Ablenkung begegnen können. Dabei geht es gerade nicht um all die äußeren Ablenkungen, die so deutlich auffallen. Die Ablenkung der nach innen Gewandten hat mit neurobiologischen Eigenschaften zu tun, die Intros von Extros unterscheiden und die oft zum Rückzug anstatt zum Gespräch führen – weil Letzteres einfach zu anstrengend ist.[22] Hier sind sie:

- Viele Intros brauchen Ruhe, um zu guten Gedanken zu kommen.
- Viele Intros verlieren durch Überstimulation die Fähigkeit, leicht, spontan und mit Aufmerksamkeit nach außen zu kommunizieren.
- Viele Intros fühlen sich von zu vielen Eindrücken verunsichert und gehen nach innen, um sich selbst zu schützen.

Haben Sie sich in einer oder mehrerer dieser typischen leisen Eigenschaften wiedererkannt? Dann lohnt es sich für Sie, Ablenkung nicht von außen, sondern von innen heraus zu verstehen. Die ruhige Auseinandersetzung mit einem Thema ist durch leise Selbstsabotage leicht von Ablenkung bedroht – und damit auch das Gespräch mit anderen. Es ist gar nicht so leicht, Gedanken zu Ende zu denken, wenn wir überstimuliert, unruhig oder verunsichert sind. Hier sind einige Anregungen, wie Sie im leisen Wohlfühlmodus die innere Ablenkung in ruhigen Fokus umwandeln können.

Leiser Wohlfühlmodus: Seien Sie in Kontakt mit sich selbst!

Schaffen Sie Inseln jenseits des Funktionierens

Die beste Voraussetzung dafür, dass Sie im Gespräch mit sich selbst und anderen zu interessanten Gedanken kommen und bei ihnen bleiben, ist – ja, wir wissen, das klingt paradox – ein Rückzug von der Welt. Schaffen Sie sich Zeiten, in denen Sie allein sein können. Machen Sie sich regelmäßig unverfügbar, auch wenn es gerade nur eine halbe Stunde sein darf. Viele Intros, die sich selbst stark unter Druck setzen, profitieren sehr von diesen Inseln des Rückzugs. Versuchen Sie es!

Schalten Sie äußere Störungen aus

Störungen lenken ab, reißen aus inneren Prozessen und vernichten Konzentration. Welche Störungen das sind, ist je nach Mensch verschieden. Welche sind es bei Ihnen? Hier sind einige Anregungen. Finden Sie die Faktoren, die Sie am meisten stören, und stellen Sie sicher, dass diese während Ihrer Alleinzeit draußen bleiben.

Akustische Signale: Musik, Stimmen, Maschinengeräusche, Straßenlärm, Radio, Fernsehen …

Visueller Lärm: grelles Licht, Flimmern, Reklamewände …

Gegenwart von Menschen in Ihrer Nähe

Hohes Tempo um Sie herum

Plötzliche Störungen und Unterbrechungen

Anfangs kann es sein, dass Sie wegen der geringeren Reizdosis unruhig werden oder Sie sich mangels Ablenkung gelangweilt fühlen. Bleiben Sie dann bei Ihrer halben Stunde. Wir haben Ihnen ja gesagt, dass es so kommen kann. Und das Wohlgefühl kommt dann später, versprochen!

Manchen Menschen hilft es, wenn sie sich bewusst aus den Bereichen ihres Alltags zurückziehen. Sie gehen in den Park oder in den Wald, in eine Kirche oder in einen leeren Besprechungsraum. Ein leiser Bekannter, der viel unter-

▸▸▸

wegs ist, setzt sich manchmal einfach auf einsamen Parkplätzen in sein Auto und meditiert.

Gehen Sie weg vom Bildschirm

Nehmen Sie sich bewusst rein analoge Phasen, in denen Sie ganz und gar offline sind. Kein Mobiltelefon. Kein Computer. Kein Tablet. Kein Fernseher. Wahrscheinlich werden Sie merken, wie selbstverständlich all diese Maschinchen im Alltag in Ihrer direkten Nähe sind – und wie regelmäßig Sie sie nutzen. Das ging uns auch so. Versuchen Sie es zu Beginn mit einer halben Stunde analoger Zeit. Bald könnten Sie einen ganzen bildschirmfreien Tag hinbekommen.

Schalten Sie innere Störungen aus

Nehmen Sie zunächst genau wahr: Wovon lassen Sie sich ablenken? Auch diese Antwort kann bei jeder Person anders ausfallen. Sorgen, Dinge auf der To-do-Liste, Gedanken über Beziehungen oder andere Menschen …

Nehmen Sie die innere Störung wahr und legen Sie sie dann an einem imaginären Platz ab. Manchmal hilft es, Dinge aufzuschreiben, die im Kopf keine Ruhe geben wollen – das gilt übrigens auch für die nächtlichen Wachphasen, in denen bestimmte Gedanken in unserem Kopf rotieren und das Wiedereinschlafen sabotieren (»Morgen muss ich unbedingt …«, »Ob Onkel Hilmar wirklich …«). Ein kleiner Notizblock in Reichweite wird dann zum externen Speicher. Und wirkt Wunder!

Schaffen Sie Rituale

»Wir sind das, was wir wiederholt tun«, sagte Aristoteles vor sehr langer Zeit. Er hatte recht. Die besten Entwicklungen in Ihrem Dialog mit sich selbst werden Sie wahrnehmen, wenn Sie sich Ihre Alleinzeit *regelmäßig* nehmen. Wenn Sie Ihre Gespräche mit sich selbst über die Zeit hinweg verfolgen wollen, dann ist es außerdem eine gute Idee, regelmäßig ein Tagebuch zu führen. Wir kennen Menschen, die ihre inneren Dialoge immer wieder zu Papier bringen. Diese Praxis gibt, so die Schreibenden, den Gedanken Tiefe und den inneren Dialogen ein Format. Probieren Sie es aus!

Ein kleineres Ritual, das vielen Intros sehr nützt, ist die Schreibpraxis am Telefon. Probieren Sie es einmal aus: Schreiben Sie beim Telefonieren Stichpunkte mit: Wo sagt die Person am anderen Ende der Leitung etwas Wichtiges? Was wird Ihnen selbst gerade wichtig? Was wollen Sie unbedingt noch sagen? Nutzen Sie diese Notizen als Spickzettel und Erinnerer. Ihre Dialoge am Telefon bekommen eine klare Richtung; Ablenkungen werden selten. Sie werden sich außerdem wohler fühlen, weil Sie den Eindruck haben, die Situation bewusst zu gestalten.

Die allermeisten Gespräche sind übrigens Selbstgespräche und damit nach innen gerichtete Kommunikation. Sie sind eher Fragmente und Impulse anstatt ausgefeilte Monologe. Sie haben ganz andere Aufgaben und bieten einen ganz anderen Nutzen für unsere Psyche als der Austausch mit anderen.[23] Viele Introvertierte berichten uns, dass das ständige Gespräch mit sich selbst der normale Modus ist, in dem sie durch den Tag gehen. (Vielleicht ist das bei den Extrovertierten ähnlich und es fällt ihnen nur weniger auf?)

Versuchen Sie regelmäßig, ruhig und gerichtet eigenen Gedanken nachzugehen. Sie werden sehen: Das bringt Ihnen eine größere Klarheit im Umgang mit sich selbst. Und – hier sind wir beim Thema Gespräch – es lässt Sie auch im Umgang mit anderen klarer und gerichteter werden. Je mehr Sie mit sich selbst im Reinen sind, umso leichter wird es Ihnen fallen, anderen gegenüber tolerant zu sein, ihnen ruhig zuzuhören und ihre Botschaften herauszufiltern. Und es wird Ihnen immer besser gelingen, Ihre Gedanken zu ordnen und dann auch zu sagen, was Sie denken. Ihre Eigenzeit, die Sie gestalten und in der Sie sich wirklich wohlfühlen, fördert genau diese Fähigkeiten.

Wie schaffen Sie sich noch in dieser Woche eine Eigenzeitinsel?

Sich wohlfühlen in Gemeinschaft: Begegnungsräume

Gehen wir nun einen Schritt weiter und fragen nach Räumen, in denen Gespräche mit anderen stattfinden. Damit Sie sich nicht anderen Dingen zuwenden, sich gestresst oder sonst wie abgelenkt fühlen, ist der Wohlfühlfaktor auch hier wichtig. In welchen Räumen also können Sie gut reden, gut bei der Sache bleiben und sich dabei mit Ihren Gesprächspartnern wohlfühlen? Die Frage ist gar nicht so leicht zu beantworten. Denn es gibt viele soziale Orte, an denen sich Menschen begegnen.

Wir können nur dann Bedingungen für echte Begegnungen schaffen, wenn wir zunächst einen klaren, ehrlichen und realistischen Blick auf die wohl größte Ablenkung unserer Zeit richten: die digitale Präsenz, die unser Leben, unsere Kommunikation und unsere Beziehungen tief beeinflusst. Beginnen wir also mit den elektronischen Räumen.

Digitale Begegnungsräume nutzen – und analogisieren!

Sherry Turkle (2015, S. 26) spricht von drei Fantasien der digitalen Welt: Diese verspreche uns, dass wir ständig Aufmerksamkeit bekommen, dass wir immer gehört werden, dass wir nie allein sind.[24]

Der Preis: Gespräche gehen zurück. Weder die Kommunikation über soziale Medien noch E-Mails oder Textnachrichten sind Gespräche – obwohl sie tatsächlich so etwas wie Begegnungen schaffen. Menschen flirten via WhatsApp und Tinder, sie teilen wichtige Momente mit Selfies, die sie an ihre Freundinnen und Freunde verschicken. Sie reden lieber mit Siri statt mit ihren Nachbarn. Sherry Turkle berichtet in ihrem TED-Talk herzzerreißend von der Bewohnerin eines Seniorenheims, die einem Roboter in Seehundgestalt vom Tod ihres Kindes erzählt.

Echte Nähe entsteht durch diese neuen Kulturtechniken nicht. Eher kommt eine Illusion von Freundschaft auf – eine Illusion ohne die Risiken und Chancen echter Intimität. Dass etwas passiert, ist eher passiv als aktiv und lenkt von wirklichen Begegnungen ab. Das, was uns aufmerksam macht, bleibt außen vor: die Hinwendung zu wichtigen Dingen, die tiefe Stärkung von Beziehungen und die Entwicklung neuer Möglichkeiten. Denn es führt niemand ein Gespräch darüber, und der Bildschirm sorgt für einen ebenso deutlichen Abstand zwischen den Menschen, die sich auf ihm scheinbar begegnen. Die Technologie, die uns umgibt, soll unser Leben verbessern – nicht aber unsere Begegnungen automatisieren. Sie verstärkt bestehende Gewohnheiten und Verhaltensweisen, kann aber nicht per Autopilot die Kommunikation verbessern. Das müssen wir schon selbst tun.

Das Mikrofon

Ein Mikrofon macht die Stimme nicht klangvoller, angenehmer oder angemessener im Tempo. Nur eines verändert sich: Die Stimme wird lauter, was bei großer Distanz zu den Zuhörenden praktisch ist. Ähnlich ist es mit digitalen Medien: Die Begegnung wird auch über Distanzen hinweg erleichtert – aber nicht verbessert!

Die folgenden Anregungen helfen Ihnen, wieder ein Gespräch in Gang zu setzen, in dem Sie sich wohlfühlen und in dem Sie die Ablenkungen vermeiden, die mit all den Online-Apparaturen des heutigen Lebens selbstverständlich geworden sind. Auch hier gilt: Die limbischen Steuerungsmechanismen Balance, Dominanz, Harmonie und Stimulanz fordern je nach Persönlichkeit ihr Recht – suchen Sie sich also bitte die Ideen heraus, die für Sie selbst und andere Menschen in Ihrem Umfeld gut passen. Vielleicht mögen Sie auch Ihre Kolleginnen, Mitarbeiter, Partner und Kinder anregen, es einmal mit der direkten Begegnung zu versuchen. In vielen spannenden Initiativen sehen wir Tendenzen, die »analoge« Begegnung zurückzuerobern – auch über gesellschaftliche Grenzen hinweg.

Analoge Begegnung zwischen den Welten

Everybody Eats: Jeden Montag treffen sich 250 Banker und Obdachlose im neuseeländischen Auckland, um gemeinsam zu essen: mit einem ehrenamtlichen Küchenteam und auf der Basis von Lebensmittelspenden. Für viele der Obdachlosen ist es eine seltene Gelegenheit, an eine gute warme Mahlzeit zu kommen. Und bei Tisch sind sie im Gespräch mit Menschen, die in bürgerlichen Verhältnissen leben. Das gemeinsame Gespräch ist vielen noch wichtiger als das Essen.[25]

Die analoge Begegnung, so unsere Einschätzung, wird gerade durch die neuen digitalen Möglichkeiten besonders wichtig – und als besonders wertvoll empfunden. Es ist gar nicht schwer, dafür Raum zu schaffen.

Ideen für Begegnungsräume in digitalen Zeiten

1. Für handy- und computerfreie Mahlzeiten sorgen

Studien zeigen: Selbst wenn das Mobiltelefon nur auf dem Tisch liegt, ist die Erwartung einer Unterbrechung da. Die Menschen am Tisch halten deshalb das Gespräch auf einer oberflächlichen Ebene, ohne große Komplexität und ohne Reibungspotenzial (Turkle 2015, S. 21).

Die Abhilfe ist einfach: Keine Bildschirme, keine Tablets und keine Mobiltelefone während des Essens. Das klingt ziemlich banal, ist es aber nicht: Es ist gesellschaftlich akzeptabel geworden, während gemeinsamer Mahlzeiten Textnachrichten oder E-Mails auszutauschen oder sogar Anrufe entgegenzunehmen.

Eine gute Maßnahme für Balance- und Harmonietypen, aber auch für Dominanztypen.

2. Bestimmte Nachrichten nur mündlich überbringen

Müssen Sie ein Essen absagen? Wollen Sie sich entschuldigen? Haben Sie eine Frage? Oder wollen Sie einfach in Verbindung bleiben? Versuchen Sie so oft wie möglich, das mündlich zu tun – mindestens also telefonisch, noch besser persönlich.

Gut vor allem für folgende limbische Steuerungssysteme: Harmonie oder Stimulanz.

3. Analoge Lernzonen schaffen

Hausarbeiten, Unterrichtsstunden, Vorlesungen: Viele Lehrende an Schulen, Hochschulen und anderen Lernorten bestehen auf Phasen ohne Elektronik, in denen aufgeklappte Laptops und Mobiltelefone tabu sind. Es ist nicht ausgemacht, dass wir am besten lernen, wenn wir ständig Google oder Wikipedia konsultieren oder unseren Instagram-Account besuchen können.

Nicht zu vergessen: YouTube-Kanäle, Websites und Nachrichtensender, die wir online besuchen, bieten oft nur schmale Lernpfade, weil wir sie nach Sympathie und Neigung aussuchen. Wir suchen die Bestätigung unserer eigenen Haltung, anstatt nach neuen Impulsen zu fragen.

Besseres Lernen passiert in der Diskussion mit anderen oder im direkten Gespräch mit anderen Lernenden. Dieser Austausch kann in Chats ergänzt werden, hat aber dort nicht die gleiche Intensität und Unmittelbarkeit – ganz abgesehen von der höheren Ablenkbarkeit. Auch in Skype-Dialogen, in Webinaren und Videokonferenzen ist echte Begegnung fast unmöglich. Neben der Bildschirmzeit ist deshalb die Präsenzzeit beim Lernen unverzichtbar.

Gut insbesondere für folgende limbische Steuerungssysteme: Harmonie oder Stimulanz.

4. Analoge Meetings am Arbeitsplatz abhalten

Es scheint inzwischen Firmen und Organisationen zu geben, in denen Mobiltelefone an der Tür in einem Korb eingesammelt werden. Und es gibt echte Gespräche. Über Anliegen und Probleme. Zwischen echten Menschen.

Ein schöner Nebeneffekt: Während eines Meetings kann sich niemand aus Statusgründen oder Langeweile ausklinken und sich demonstrativ seinem Mobiltelefon zuwenden.

Empfiehlt sich vor allem für diese limbischen Steuerungssysteme: Dominanz oder Harmonie.

5. Rituale!

Was ein Wohlgefühl für Sie allein schafft (siehe oben), kann das genauso auch für Ihr Zusammensein mit anderen Menschen schaffen. Der Kaffeeklatsch, der Salon, der Buchklub – unter »Ritualen« können Sie alles fassen, was regelmäßig stattfindet, Ihnen Freude macht und Raum für Begegnungen im Gespräch schafft. Womit wollen Sie beginnen?

Gut für die folgenden limbischen Steuerungssysteme: Balance, Harmonie oder Stimulanz, vielleicht auch Dominanz (neue Formate gestalten).

Weitere Begegnungsräume finden Sie im folgenden Abschnitt: als »Spielwiesen«!

Das Gespräch als Spiel

Es gibt einen idealen Raum für Begegnungen, der das Belohnungszentrum so erfreut, dass es sich nicht ablenken lassen mag. Es ist: das Spiel! Spielen macht Spaß, sorgt dafür, dass wir uns fokussieren, bringt Menschen in Beziehung und ermöglicht Räume für alle limbischen

Steuerungssysteme. Spielen macht Spaß, motiviert von innen heraus, bringt uns innerlich in Bewegung und sorgt für eine innere Haltung der Leichtigkeit: geradezu paradiesische Voraussetzungen für die allerbesten Gesprächsräume.

Hier also eine Spielanleitung, die Sie von der Ablenkung in den Flow schöner Begegnungen im Gespräch bringt!

Begegnung im Gespräch: eine Spielanleitung

1. Ignoriere all die »vernünftigen« Menschen, die ein Gespräch ohne bestimmtes Ziel für Zeitverschwendung halten. Die größten Kreativen in den verschiedensten Bereichen nutzen das spielerische Kind-Ich, um Grenzen auszudehnen und neue Perspektiven zu entdecken: John Cleese, Albert Einstein, Arianna Huffington, Astrid Lindgren, Tim Ferriss ...
2. Sieh deine Gespräche als Länder voller Möglichkeiten, in denen du als Entdeckungsreisende(r) unterwegs bist. Entscheidend ist die Lust, die du hast, dich auf den Weg zu begeben. Das heißt nicht, dass diese Reisen mühelos wären, dass du keine Vorräte (Wissen) und keine Energie (Aufmerksamkeit, Zuhören ...) brauchtest. Aber das ergibt sich dann.
3. Sieh in jedem Gespräch die Möglichkeit, die Dinge aus einem anderen Blickwinkel zu sehen. So wie du im Ausland andere Sprachen, andere Verhaltensweisen und andere Gerichte entdeckst, kannst du in der Begegnung im Gespräch andere Haltungen und Meinungen erkunden.

   Verzichte dabei auf »die ungünstigen Vier« (Corssen und Tramitz 2014, S. 176): etwas einreden, etwas ausreden, ungefragt Kommentare abgeben und ungebetene Ratschläge erteilen. Der Preis wäre zu hoch, denn diese vier Strategien lassen dich unangenehm erscheinen: autoritär und elternhaft, entmündigend und besserwisserisch. Das Spiel macht ohne die ungünstigen Vier sehr viel mehr Spaß.
4. Habe Mut, während des Spiels an den Regeln zu rütteln. Nutze deine Fähigkeit, Dinge von ihrer lustigen Seite zu sehen. Bring deine Gesprächspartner zum Lachen. Lache selbst herzlich. Bring Abwechslung in deine Intonation, in deine Lautstärke oder in dein Tempo. Sag etwas Überra-

schendes. Oder, wenn die Situation es zulässt: Mach Quatsch. Bleibe dabei immer eines: menschenfreundlich.

5. Betrachte jede Begegnung als Experiment, aus dem sich etwas Spannendes lernen lässt. Deine Erwartung beeinflusst den Prozess. Gelingt es dir, so zu reden, dass dein Gegenüber in diesem Experiment einen Platz bekommt und einnehmen kann und sich in deinen Worten wiederfindet? Sieh jede Reaktion deines Gegenübers im Gespräch als eine Rückmeldung, ob du das schaffst.

6. Oder sieh ein Gespräch als Strategiespiel: Überlege, was du wissen willst, was dich an deinem Gegenüber interessiert oder was du erreichen willst. Dann such Wege, genau das herauszufinden oder zu erreichen. Nimm dir zum Beispiel vor, einen schwierigen Gesprächspartner zur Kooperation zu bringen. Wende Methoden an, die du für vielversprechend hältst. Werte deinen Erfolg aus und lerne aus ihm. Und aus dem Misserfolg auch.

   Das Gegenüber spielt natürlich nach seinen eigenen Regeln. Sieh die Reaktion des Gegenübers als Spielzug, und schau, ob eure Regeln zusammenpassen. Gestalte deine Beiträge entsprechend: Ändere deine Strategie, wenn nötig. Oder lege einen eleganten Wechsel zu anderen Gesprächspartnern hin. Denn Leiden ist optional.

7. Oder betrachte das Gespräch als Glücksspiel: Sieh dir dein Gegenüber an, und versuche, mit ihm so zu reden, dass ihr beide etwas davon habt. Ein guter Start: Signalisiere Offenheit und Sympathie. Blickkontakt hilft, ebenso echtes Zuhören und eine freundliche Grundhaltung. Wenn du deine Mitspieler nicht magst: Such dir andere. Oder geh zu Regel 6 zurück.

8. Akzeptiere Langeweile nicht. Wenn du den Small Talk nicht magst, den die Menschen um dich herum veranstalten: Erzähle eine Geschichte. Nutze die Ideen im nächsten Kapitel und wechsle das Thema in Richtung Personal Talk oder Big Talk. Oder wechsle die Gesprächspartner.

9. Manchmal versuchen Menschen, mit dir das Wer-ist-der-Stärkere-Spiel zu spielen: Es geht dann um die Rangfolge, den Status. Entscheide dann, was du willst. Wenn du selbst der oder die Stärkere sein willst: Immer zu. Das ist beim Schach und beim Ringen auch so. Meistens ist es eine gute Idee,

▸▸▸

in deiner inneren Haltung sehr zielgerichtet und klar zu bestimmen, was du willst, und nach außen verbindlich, humorvoll und freundlich zu sein. Beobachte, was das bei deinem Gegenüber auslöst.

10. Nützliche Fragen während des Spiels: Welche Möglichkeiten habe ich jetzt? Welche Wege kann ich gehen? Bleibe ich bei meiner Haltung, bei meinem Ziel? Wie geht es mir mit meinen Gesprächspartnern? Habe ich noch Lust? Bringe ich meinen Gesprächspartnern etwas, das sie gerade brauchen können? Beispiele: etwas Interessantes, Überraschendes, Lustiges (Humor!), etwas, das stutzig macht …

11. Respektiere das Spiel der anderen – vorausgesetzt, es ist ein Spiel, das dir genügend Raum lässt. Stell dir vor, dass der andere seine eigene, gleichwertige Sprache hat, die du verstehen willst. Dann kann es sogar ein Kindergartenkind sein, mit dem du eine wunderbare Begegnung hast. Akzeptiere andererseits, dass dieses Gesprächsspiel ergebnisoffen ist: Es kann so oder so laufen. Aber das ist in allen wichtigen Dingen des Lebens auch so.

12. In einem gelungenen Gespräch gewinnt ihr beide: Denn es gibt eine Resonanz zwischen euch. Resonanz ist, wenn dir jemand so antwortet, dass es dir guttut, und wenn so in der Begegnung eine Beziehung entsteht. Wenn ihr euch also mögt, ein spannendes Thema habt, eine coole Diskussion, einfach Freude am Reden: Glückwunsch! You win!

Ablenkung mag eine Seuche unserer Zeit sein – aber es gibt Gegenmittel. Wir wünschen Ihnen, dass Sie nach diesem Kapitel viele neue Mittel und Wege ausprobieren mögen, die Ihnen Aufmerksamkeit und Wohlbefinden in Ihren Gesprächen bringen. Spielen Sie das Spiel auf Ihre Art!

TEIL II

Gespräche auf Augenhöhe

Tom Peters, Akt, Aquarell auf Karton, 2017

4. Vom Banalen in die Beziehung

Man beginnt zu sehen, wenn man aufhört,
den Betrachter zu spielen.
Siegfried Lenz (2006)

Kommunikation ermöglicht Perspektivenwechsel: Lernen, den anderen mit dessen Augen zu sehen. Perspektivenwechsel ermöglichen echte Beziehungen. Echte Beziehungen verbessern Kommunikation. Es wird interessant – weil wir interessant geworden sind.

Zwei Storys à zwei Perspektiven

Anekdote zur Senkung der Arbeitsmoral, nach Heinrich Böll erzählt[26]

Das mechanische Klicken einer Kamera – heute müsste es wohl ein digitales Summen sein – weckt einen Fischer, der zufrieden über den Moment in seinem Boot den Mittag verschläft. Der Fotograf, wohl ein Unternehmer auf Urlaubsreisen in südliche Gefilde, entschuldigt sich nicht lange für die Störung, sondern fragt direkt nach dem Fang des Tages. Gut war dieser, bekommt der Tourist zur Antwort, allerdings der gestrige. Und so gut, dass eben heute keiner nötig und die Belohnung für die Beute eben jenes Schläfchen sei, das soeben unterbrochen …

▸▸▸

Den Touristen ärgert das. Sein unternehmerisches Geschick entfaltet spontan ein Großmarktszenario am inzwischen ausgebauten Hafen, Heimat der neuen Hightech-Fangflotte. Und ganz oben im Terminal das spiegelverglaste Idyll: das Chefbüro mit eben jenem Fischer, der in genau diesem Moment seine glorreiche Zukunft zu verschlafen drohe. Wenn es nicht gerade »Klick!« gemacht hätte. Schläfrig-geduldig hört der Fischer zu, blinzelt den überbelichteten Touristen an und erkundigt sich höflich, was denn der Lohn dieser Fron wäre. »Ja, und dann könnten Sie hier in Ruhe in der Sonne liegen und Ihr Leben genießen.« »Aber das tue ich doch schon jetzt.«

Wie man ein Buch bespricht, ohne es zu lesen, nach Ephraim Kishon erzählt[27]

Der berühmte Satiriker Ephraim Kishon wird von einem noch unbekannten, aber sehr ehrgeizigen Nachwuchsschriftsteller auf der Straße angesprochen und bekommt von ihm ein Paket überreicht. Dessen Inhalt: das neue Werk des Möchtegern, das die Welt verändern werde, wenn nur er, der Berühmte, es lese und wohlwollend bespreche. Nach außen freundlich nimmt der Berühmte es entgegen, verspricht allerlei und platziert es an der Außenkante seines Schreibtisches zur letzten Ruhe – Landeplatz für Ansinnen dieser Art. Das Drama nimmt seinen fröhlichen Lauf. Immer wieder begegnet der Möchtegern dem Berühmten, und immer wieder gelingen dem Letzteren die lustigsten Ausreden, um ein Gespräch über das immer noch ungelesene Werk mit Erfolg zu verhindern. Das Ganze endet vor der Kinokasse. Die Vorstellung ist ausverkauft. Da klopft dem enttäuschten Berühmten das Schicksal in Gestalt des Möchtegern auf die Schulter. Es gibt kein Entkommen, die Begegnung verlagert sich in ein Café, wo es zum Showdown kommt. Der Möchtegern verquasselt sich derart selbstverliebt in Antworten auf Fragen des Berühmten, ungelegten Eiern gleich, die gnadenlos bebrütet werden. Ganz zum Schluss die ebenso gnadenlose Abkanzelung des jungen Werks durch den alten Meister, der dem erstarrten Möchtegern – erbost über so viel Narzissmus – final entgegenhaucht: »… und im Übrigen habe ich diesen Schwachsinn erst gar nicht gelesen.«

Wir Lesenden bleiben lachend zurück, aber auch mit einer seltenen Mischung aus Ärger und Mitleid – eine Reise in tiefere Seelenschichten!

Perspektivenwechsel als Beziehungsgestalter

Was ist banal, was interessant? Versuchen wir einen ersten Zugang. Beide Dimensionen können gleichwertige Geschwister sein, Spielarten von Begegnungen und Inhalten, jeweils eine Frage unseres Denkens und Fühlens, der Perspektive unseres Blicks. Unsere Deutung gibt Auskunft über unsere jeweilige Perspektive, unsere Haltung zu einer Situation oder einem Menschen. Sie ist ein Spiegel dessen, wo wir gerade in unserem Leben stehen. Wenn wir es schaffen, für den Touristen dieselbe Sympathie, dieselbe Resonanz aufzubringen wie für den Möchtegern, für den Berühmten wie für den dösenden Fischer, dann erreichen wir eine innere Offenheit, die uns einen Abstand zu den ersten spontanen Bewertungen bringt. Diese Offenheit ist wichtig dafür, dass Begegnungen und Gespräche, Kontakte mit Blicken und Worten, stattfinden und gelingen können. Dann stiften wir Beziehung (Rogers 1973, S. 33ff., 119).

Perspektivenwechsel in der Medizin – Sprechen zahlt sich doppelt aus

Burkhard Lembeck ist Orthopäde in Südwestdeutschland. Zusammen mit der AOK Baden-Württemberg hat er ein neues Konzept entwickelt. Früher bekamen Ärzte für ihre Gespräche mit den Patienten kein Honorar, wohl aber für angewandte Behandlungen wie Operationen. Das ist nun seit 2014 anders: mit großem Erfolg. Ein erheblicher Teil der Operationen wurde überflüssig, weil durch die intensiven Begegnungen in Gesprächen mit den Patienten die Diagnosen viel präziser gestellt werden können. Außerdem wurde das Patientengespräch nun erstmalig finanziell honoriert – eine Stärkung des Vertrauens in die menschliche wie diagnostische Kompetenz unserer Ärztinnen und Ärzte. Das Gespräch wird zum Heilmittel. Lembeck erläutert:

»Sprechen ist deshalb so wichtig, weil ich da den Patienten ja erst kennenlerne. […] Arbeitsplatz, Belastung, Probleme in der Familie usw. Eine Operation […] kann absolut indiziert und notwendig sein. Aber entscheidend ist, dass die Patienten bei diesem Entscheidungsprozess mitgenommen werden. […] Wir haben das Problem, dass das Sprechen im jetzigen Kassensystem limitiert ist. Es wird zu wenig gesprochen, weil zu wenig Geld dafür bereitgestellt wird. [...] Wir im Südwesten haben es geschafft, in der Versorgung ein System zu etablieren, durch das Sprechen mit den Patienten bezahlt wird. [...] Seit 2014 sind wir mit diesem neuen Vertrag unterwegs, nicht nur ich, sondern 500 Kolleginnen und Kollegen.«[28]

Die Bilanz ist äußerst ermutigend: Bereits 600 000 Patientinnen und Patienten profitierten von Lembecks Initiative. Und es werden täglich mehr. Die Perspektivenwechsel im Patientengespräch wirken beim Gesundwerden entscheidend mit.

Perspektivenwechsel im eigenen Kopf, oder: Die kommunikativen Streiche unseres Gehirns

Der bekannte Lernpsychologe Jean Piaget (1896–1980) berichtet immer wieder ausführlich darüber, dass seine Amme einst in den Straßen von Paris seine Entführung verhindert habe. Diese soll einen mutigen und erfolgreichen Kampf auf sich genommen haben, um den Zweijährigen vor den Angreifern zu schützen. Dreizehn Jahre später gibt die Amme ihre Belohnung – eine Uhr und 100 Franc – zurück: Diese Buße ist Voraussetzung für ihre neue Mitgliedschaft in einer christlichen Sekte. Die Heldin von Piagets Geschichte liefert also den Beweis, dass die angeblich fotografischen Erinnerungen Piagets an seine Entführung irgendwie entstanden sein müssen, etwa durch fortwährendes Erzählen der Begebenheit im Familien- und Bekanntenkreis. Passiert ist sie jedenfalls nie.

Mit dieser Episode beginnt Harald Welzer seine Arbeit über *Das kommunikative Gedächtnis* (2017, S. 19).

Storys lassen Beziehungen gelingen

Wir alle kennen Menschen, die mit großer Fantasie und Sprachbegabung die Welt zur Bühne ihrer eigenen Anschauungen machen. Und oft hören wir diesen Menschen auch gern zu. Denn sie sind so wunderbar unterhaltsam und imponierend. Make the North Pole great again! Think big! Find yourself! Live healthy! Sichern Sie sich im Alter ab! Bleiben Sie gut informiert! Erreichen Sie hohe Dividenden über Fondsinvestments! Genießen Sie den baldigen Weltuntergang aus der sicheren Perspektive unseres Marshotels! Genau diese Funktion des Geschichtenerfindens und -erzählens ist ein wesentlicher Teil unseres Hirns – also unsere Fähigkeit, die Welt so weit zu deuten, dass wir mit einem Gefühl von Sinn in ihr, auf ihr und mit ihr leben können.

Wenn unser Gehirn eine Ansammlung von Storys enthält, dann ist jede Form von Denken eine Art Begegnung im Gespräch.

Unser Gehirn liebt also Geschichten, verknüpft sie unentwegt mit neuen Sinneseindrücken. Es entwickelt sie weiter zu dem, was wir glauben, und zu dem, was wir erlebt zu haben glauben. So entstehen im Laufe unseres Lebens riesige Erlebnistagebücher. Wir brauchen Geschichten wie die Luft zum Atmen, für unser Selbstverständnis und für unsere Motivation. Wir sammeln sogar Gegenstände, die uns an ein bestimmtes Ereignis erinnern, das uns besonders wichtig geworden ist – und die die Geschichte dazu immer wieder abrufen. Wir erzählen uns täglich die Welt.

◘ ÜBUNG

Schreiben Sie Ihre frühesten und frühen Erinnerungen auf. Fragen Sie dann die Menschen, die dabei waren, nach diesen Situationen. Vergleichen Sie: Wo sind Gemeinsamkeiten? Und wo gibt es Unterschiede? Woran liegt das?

Hier sind einige Anregungen:

- Denken Sie an die Menschen, die Sie begleitet haben: etwa Ihre Großeltern oder Eltern. Was haben Sie mit ihnen Besonderes erlebt?
- Rekonstruieren Sie die Geschichte Ihrer persönlichen Vorlieben: Worauf standen Sie als kleines Mädchen / als kleiner Junge, worauf als Teenie, und wie entwickelten sich diese Vorlieben weiter?
- Was ist aus den Vorlieben Ihrer Kindheit und Jugend konkret geblieben? Das Rezept Ihrer Lieblingsweihnachtskekse? Eine deutliche Abneigung gegen Gruppenreisen? Etwas ganz anderes?

▸▸▸

- An welche Orte oder Menschen erinnern Sie sich besonders? Warum? Wohin würden Sie gern zurückkehren, wenn Sie einmal auftanken wollen?

Mein Gedächtnis weiß mehr als ich!

Viele Aspekte unseres Gedächtnisses lassen sich nur durch den Zusammenhang mit anderen erklären (Welzer 2017, S. 222). So erinnerte sich Piaget an seine Entführung in dramatischen Bildern. Doch diese Erinnerung war das Produkt von Gesprächen anderer Menschen, von jahrzehntelangen Beschreibungen und Kommentierungen des angeblichen Ereignisses im Familien- und Bekanntenkreis, die Fiktion der Geschichte belegbar durch das späte Geständnis eines weiteren Menschen: seiner einstigen Amme.

Unser Selbstverständnis ist daher auch immer gleichzeitig ein »Selbstmissverständnis« (Welzer 2017, S. 223). Das tritt in Gesprächen immer wieder zutage: In ihnen treffen ja mindestens zwei Selbstverständnisse aufeinander. Das Tröstliche daran ist: Dies darf, ja es *muss* auch so sein. Denn in einer guten Begegnung im Gespräch reiben sich zwei Pole und sorgen dadurch für lebendige Wärme:

Der erste Pol ist unser *Festgelegtsein* auf unsere eigenen Erinnerungen, Erfahrungen und Überzeugungen (die wir ja für eine freie und selbstverantwortete Lebensführung dringend brauchen!). Der andere Pol ist die *Varianz*, die im Gespräch dadurch immer wieder neu entsteht, dass wir die Ansichten unserer Gegenüber kennenlernen (Welzer 2017, S. 223).

Interessant wird es also genau da, wo wir uns im Gespräch gegenseitig zum Wechsel unserer Perspektive, zur Erweiterung unseres Horizonts anregen.

Das braucht ein feines Gefühl für die eigene Verletzlichkeit und für die Verletzlichkeit des anderen. Dann entstehen Sympathien, Freundschaften und manchmal auch mehr.[29]

Diese Art von Gespräch lässt sich üben. Der Aufwand lohnt sich: Wir werden dazu fähig, über den Austausch echte, dauerhafte und tiefe Beziehungen zu leben und zu pflegen. Dies beugt der Einsamkeit, Verlassenheit und Verwahrlosung vor und bildet den Teil unserer lebensnotwendigen Netzwerke, der sich nun einmal (und zum Glück) nicht digitalisieren lässt.

Begegnungsübungen – mit Perspektivenwechsel!

Wir laden Sie zu einem kleinen Training ein, in dem Sie den Perspektivenwechsel selbst ausprobieren können. Es soll Sie darauf vorbereiten, ein Gespräch so zu führen, dass es für Sie und Ihr Gegenüber interessant wird. Das kann eine herzlich-fröhliche Unterhaltung sein, aber auch ein nachdenkliches Miteinander, an das Sie und Ihr Gegenüber sich gern erinnern und das Ihnen womöglich wichtige Impulse gibt.

Trainingsstufe 1: Ändern Sie das Gespräch!

Zum Anwärmen präsentieren wir Ihnen vier kleine Situationen aus dem Alltag. Ihre Aufgabe: Entscheiden Sie, wie Sie das Gespräch weiterführen. Das Ziel: Wechseln Sie die Perspektive. Ändern Sie dadurch die Begegnung. Entwickeln Sie zunächst eigene Ideen. Wenn Sie danach vergleichen wollen: Wir schlagen in den Fußnoten einige Möglichkeiten vor.

1. Tödliche Grippe

Die Schlafzimmertür ist angelehnt. Sie sitzen im Wohnzimmer und schauen Ihre Lieblingsserie. Ein leises, verzerrtes »Aaahhhh … hmmm« dringt über den Flur zu Ihnen. Da liegt der Mensch, mit dem Sie Ihr Leben verbringen. »Liebling (Hüsteln) … chrrrr, ahhhh … hmmm, du, Liebling« – dann hören Sie einen ersten Hustenanfall aus dem

Schlafzimmer, der sich mit leidenschaftlichen anderen Geräuschen aus der Lieblingsserie mischt. Jetzt der erste Schrei: »Liebling, komm doch mal!«, begleitet von einem heftigen Hustenanfall, Röcheln, Niesen. »Ohhh, geht's mir schlecht.« »Nimm doch deinen Hustensaft, Hasi« (der Satz ist nicht aus der Serie). »Lass mich nie wieder los!« (... ist aus der Serie). Jetzt wieder aus dem Schlafzimmer: »Hilf mir! Komm doch mal!«

Was tun Sie?[30]

2. Der defekte Rechner

Klaus hat ein supertolles Laptop. Er liebt es – vorausgesetzt, es funktioniert. Eines Morgens bootet das Ding einfach nicht mehr: Systemfehler. Und dann hallt es in Ihre Richtung durch die Diele: »Liebling, kannst du meinen Rechner zur Reparatur bringen?«

Was tun Sie?[31]

3. Die Diva

Empfang beim Konzernchef. Schickes Hotel, Toppublikum, lange Garderobe. Inmitten des Parketts steht sie, eine Ikone von Frau, die junge und ungemein erfolgreiche Investmentbankerin. Fast reglos und sichtlich gelangweilt lässt sie alle Versuche des gemeinen Volks abblitzen, sich ihr zu nähern. Dann sind Sie an der Reihe und retten den Abend mit folgendem Trick:

Was tun Sie?[32]

4. Der Spiegel

Dieses Szenario kennen Sie mit Sicherheit auch: Ein wichtiger Mensch in Ihrem Leben will sich eine neue Hose kaufen und probiert vor dem Spiegel der Kaufhausumkleide eine an. »Ach je, ich bin zu dick, die Hose ist zu klein, ich passe da nicht rein!« Dem Ausruf folgt ein Riesenseufzer.

Was tun Sie?[33]

Trainingsstufe 2: Small Talk, Personal Talk, Klatsch & Tratsch

Nach dieser kleinen Einstimmung geht die Reise nun zu den verschiedenen Gesprächsformen, wie Sie sie im ersten Kapitel kennengelernt haben. Wir legen nun unser besonderes Augenmerk auf die Frage, wann und wie der Perspektivenwechsel jeweils möglich werden kann. In diesem Teil brauchen Sie erst einfach nur dabei zu sein. Dann kommen ein paar Fragen ...

1. Small Talk: »Das soll Kunst sein?«

Eine Vernissage, Bildungsbürgertum downtown. Die Künstlerin ist anwesend. Leiser Jazz im Hintergrund. Champagner und Häppchen. Sehen und gesehen werden. »Ist auch nicht der beste Tropfen, hm?«, raunt die perfekt gestylte Mittfünfzigerin ihrem Nachbarn zu. Beide scheinen sich zum ersten Mal zu begegnen. »Nun ja, Moët ist doch ein guter Anfang?«, entgegnet der Angesprochene höflich. »Ist ja auch eher Alltagskunst, oder? Was meinen Sie? Ich heiße übrigens Sofia.« »Albert Unterst«, erwidert der Gefragte mit einer leichten Verbeugung. »Sagen Sie, wie meinen Sie das mit der *Alltagskunst*?« »Ach, nur so eine Assoziation. Zu viel Draht und Pappe. Mir fehlt dieses gewisse Etwas.« »Na, dann sehen Sie mal hier.« Er deutet auf ein recht großes Bild. Es zeigt eine Collage sich übergebender Frösche im Scheinwerferlicht an einem violetten Höhlenteich. »Oh ja, das schon eher. Aber ehrlich: Möchten Sie das an der Wand haben?« »Nun ja, vielleicht nicht im Esszimmer. Aber sonst ...« »Der Preis stimmt auch und es ist für einen guten Zweck, Erdbebenopfer in der Südsee.« »Ja, die Südsee, lange nicht dort gewesen.« »Ach, wirklich?« »Ja, man weiß einfach nicht mehr, wo es am schönsten ist. Man verliert irgendwie das Gefühl für den Moment.« »Da kann ich Ihnen die neue Beau-Lounge empfehlen. Nur für Mitglieder, und der Masseur ist ein Frauentraum.« »Sie schätzen mich falsch ein, meine Liebe«, gibt er mit einem feinen Lächeln zurück.

Kurzer Stopp! Die beiden steuern gekonnt am Drama vorbei. Wie geht es Ihnen mit Sofia und Albert? Wen mögen Sie eher? Weshalb? Setzen Sie die Szene für einen Moment in Ihrer Fantasie fort. Was müsste passieren, damit das Gespräch ins Drama abstürzt? Welche Fortsetzung könnte dies verhindern? Glauben Sie, dass die beiden sich sympathisch sind? Und was könnte sich ebenfalls unter der Oberfläche verbergen?

2. Klatsch und Tratsch: Der Neue im Segelklub

Gegen siebzehn Uhr ist es so weit. In der Hafeneinfahrt taucht das seltsamste Gefährt auf, das sich Segler vorstellen können. Ziemlich lang, ziemlich alt und ziemlich geisterhaft. Eine Art Lastkahn niederländischer Tradition mit einer merkwürdigen schwarz-weißen Fahne oben am hohen Mast. Am gigantischen Steuerrad ein Greis, der einem Gruselfilm entsprungen sein könnte. Sonst ist niemand zu sehen. »Ob er es schafft? Solche Boote brauchen doch eine Mannschaft, oder?«, fragt Henk, der mit seinem Freund Holm in der Schifferkneipe an der Mole hinter einem Glas Bier sitzt. »Schwierig bei der Brise, und dann noch auflandig«, antwortet dieser. »Und schau dir mal den Gnom an. Hab ich hier noch nie gesehen. Du?« »Nö.« »Komischer Kahn – und so lang!«

Inzwischen hat das Schiff die Einfahrt passiert und wendet in beeindruckender Weise auf engstem Raum. »Jetzt schau mal an, der Opa kann ja richtig manövrieren!« Der Alte parkt mit phänomenaler Präzision ein, fixiert das Boot und verschwindet unter Deck.

Am nächsten Morgen sind die beiden Freunde schon früh am Hafen. Sie sind an der Werft beschäftigt. »Du, Henk, wo ist das Boot?« Das Boot ist nicht mehr an seinem Platz. »Irgendwie unheimlich, findest du nicht?« Pünktlich um 17 Uhr erscheint das Schiff in der nebelverschleierten Hafeneinfahrt. »Spinn ich, Holm? Wer ist denn da am Steuer?« Zu sehen ist eine Diva im Pelz mit goldenen Pumps. Wie der greise Gnom gestern steuert auch sie das Schiff mit perfekter Präzision in die Parklücke. Auch sie befestigt das Tauwerk und verschwindet unter Deck. »Jetzt aber mal hin, oder?« Die beiden nähern sich dem seltsamen Gefährt. Aber sie werden unsicher. »Also die Lady würd' ich ja schon gern näher …«, raunt Holm. »Wusste gar nicht, dass du auf Männer stehst. Das ist 'ne Dragqueen!« »Nee, meinste wirklich? Ach was …«

Kurzer Stopp! Henk und Holm spüren genau: Die Unsicherheit über den seltsamen Neuzugang lässt reichlich Raum zum Spekulieren. Ihre weiteren Gespräche sind wahrscheinlich unterhaltsam und werden die verschiedensten Perspektiven ausleuchten.

Probieren Sie es selbst aus! Setzen Sie sich zu zweit in ein Straßencafé, an einen Hafen oder auf die Treppen einer Kirche. Genießen Sie das Treiben um sich herum. Und dann: Nehmen Sie als Basis die Person, die Ihnen am meisten auffällt. Erfinden Sie und erzählen Sie sich Geschichten über sie.

Wir wetten, es vergehen keine zwei Minuten, und Sie haben jemanden gesehen, der wunderbar einlädt zu Klatsch und Tratsch. Einfach geistreich-humorvoll drauflosassoziieren! Es wirkt in jedem Fall intelligenzfördernd.

3. Personal Talk: »Calm down« im Krankenwagen

Der Unfall geschieht schneller, als man denken kann. Carolin hat die dunkle Limousine schlicht übersehen. Der Fahrer des Wagens, in Gedanken bei einer unangenehmen SMS, vergisst, nach rechts zu schauen, und übersieht die Fußgängerin. Der Krankenwagen trifft noch rechtzeitig ein, Ärzte bergen die Gestürzte mit größter Vorsicht. »Wir fahren Sie jetzt in die Ambulanz«, sagt einer der Sanitäter, die sie auf die Trage hieven. »Ich schaffe das nicht!«, entfährt es Carolin. »Doch, Sie schaffen das«, hört sie die Stimme einer jungen Frau neben sich. »Ich begleite Sie.« – »Das wäre wunderbar«, sagt der Sanitäter schnell. »Wir sind chronisch unterbesetzt im Moment.« »Aber ich kann nicht mitfahren, ich habe Uwe doch versprochen …«, protestiert Carolin, die unter Schock steht. »Doch, Sie können. Außer Ihnen ist im Moment nichts und niemand wichtig. Bleiben Sie einfach ruhig hier liegen. Sie sind nicht allein.« »Wer sind Sie?« Aber Carolin versteht die Antwort nicht mehr, die Steffi ihr leise gibt. Steffis Hand streichelt Carolins Stirn. Nur ihr Atem ist zu hören. »Ich besuche Sie morgen«, verspricht sie Carolin, als sie sich später in der Ambulanz verabschiedet.

Am nächsten Nachmittag steht sie an Carolins Bett. »Wer sind Sie?« »Ich bin Steffi, ich habe Sie gestern begleitet.« Keine Reaktion. »Steffi? Entschuldigung, ich erinnere mich nicht.« Steffi legt erneut ihre Hand auf Carolins Stirn und streichelte sie sanft. Carolins Blick geht abwesend in die Weite, bevor sie mit einem Lächeln einschläft. »Es ist so gut, dass Sie da sind«, macht sich der junge Pfleger bemerkbar, der zur Kontrolle der Herzwerte leise hereingekommen ist. Dann fügt er hinzu: »Wissen Sie, meine Tante ist völlig dement. Aber sie war eine bekannte Orchestergeigerin. Sie vergisst heute nahezu alles, was sie erlebt. Aber dreimal in der Woche spielt sie mit ihrem alten Quartett. Am liebsten Haydn. Und was soll ich sagen, sie erinnert sich an alle Noten, das meiste auswendig. Und es klingt so schön wie früher ...«

Kurzer Stopp! Sie erinnern sich: Personal Talk schafft Nähe und ermöglicht eine echte Beziehung. Durch Steffis spontanes menschliches Handeln bekommt Carolin die Kraft, die sie zum Überleben so dringend benötigt und die ihr in der Unfallsituation zu schwinden scheint. Dennoch ist das Ende auch hier offen. Personal Talk kann eine Veränderung im Leben ermöglichen, vielleicht sogar retten. Dazu braucht es Mut und das Gespür für das, was im Moment jeweils dran ist. Von einer gemeinsamen Sprache, die das ermöglicht, werden wir noch im sechsten Kapitel ausführlich sprechen.

In diesem Abschnitt besteht Ihr Training einfach in einer Sache: Überlegen Sie einmal, wo Sie Ihren letzten Personal Talk erlebt haben. Wie waren die Perspektiven? Und was haben Sie mitgenommen?

4. Das minimalistische Gespräch: Donnerwetter

Dietrich ist spät dran, wenn er den Himmel ernst nehmen will. Dunkle Wolken türmen sich bedrohlich auf und versperren die letzte Etappe zum Gipfel. Er wird auf der Hochalmhütte übernachten müssen und warten, bis das Unwetter über ihn hinweggezogen ist. Einsam liegt sie da am Fuß des Massivs, Nahrung und Feuerholz bietend für die Wandergäste, eine Pritsche und ein Dach für die kalte Spätherbstnacht. Dietrich öffnet die Tür und wendet sich dem kleinen Gusseisenofen zu, in dem nach kurzer Zeit ein Feuer heranwächst.

Ein Windstoß gefährdet für einen Moment die erste Wärme. In der Tür steht Theo. Er muss über die Nordseite heraufgekommen sein. Dietrich hätte ihn sonst mit Sicherheit bemerkt. Kein Gruß, nur ein ernster Blick. »Tee?«, bietet Dietrich an. Schweigen. Dietrich kocht sich eine Suppe und deckt für den Fremden ebenfalls Teller, Besteck und Serviette. Der aber isst nicht, sondern stellt einen riesigen Rucksack an die Hüttenwand, zieht seine Handschuhe aus und nähert sich langsam dem Ofen, an dessen offener Klappe er seine Hände zu wärmen beginnt. Das Knistern des Feuers ist das einzige Geräusch. Da zerreißt der erste Donner die Stille, gefolgt von stürmischem Regenprasseln und dem Platzen der Harzblasen größerer Holzscheite, die nun auf Temperatur gekommen sind. Schweigend lauschen die beiden dieser Sinfonie, dem Knistern des Ofens in den Echos der Gebirgsdonner.

Als Dietrich seine Mahlzeit beendet hat, erhellt eine warme Abendsonne die Bank auf der Westseite der Hütte. Setzen wir die beiden, Theo vielleicht zuerst, dort einmal hin. Dietrich kommt also nach.

Kurzer Stopp! Halten wir für einen Moment an. Die beiden sind sich wahrscheinlich noch nie begegnet. Wir erleben die Synchronizität zweier Schicksalsschläge, gekoppelt an einen ruhigen Ort. Oder die Konfrontation zweier unterschiedlicher Motivationen, einen Gipfel aufzusuchen: Bergsteigerleidenschaft trifft auf ausweglose Lebenssituation … Was meinen Sie?

Am nächsten Morgen wacht Dietrich allein auf. Theo ist frühzeitig aufgebrochen. Auf dem Gipfel treffen sich die beiden wieder. Zum zweiten Mal haben sie unterschiedliche Aufstiege gewählt. Theo blickt Dietrich erneut ernst an, dann lächelt er leise: »Danke für das Feuer.«

Kurzer Stopp! Was hätten die beiden nicht alles besprechen können. Aber es gibt nur diesen Satz am Ende. Alles andere soll eine Reise ins Innere der Lesenden sein: stellvertretend für das, was sich in uns blitzschnell abspielt, wenn sich plötzlich neue Situationen ergeben. Unter den besonderen Umständen einer Belastungssituation sind unsere Reflexe dafür erstaunlich wach. Testen Sie es einmal selbst.

Trainingsstufe 3: Wahrnehmung üben

Betrachten Sie einfach diese Grafik. Wenn Sie fertig sind, lesen Sie bitte weiter.

Tom Peters, Akt, Aquarell auf Karton, 2017

Unsere Sinne sind in der Regel ständig aktiv. Tasten, Hören, Riechen, Schmecken, Sehen; ja selbst wenn wir die Augen schließen, sehen wir bunte Farben und innere Bilder. Wir können sogar durch bloße Vorstellung alle möglichen Gegenstände auf unsere Netzhaut projizieren, bis wir glauben, sie wären auch wirklich da.

Machen Sie einmal folgendes Experiment: Schließen Sie ein Auge. Schauen Sie jetzt mit dem anderen Auge kurz in eine helle Lichtquelle und blicken Sie dann zur Seite. Sie werden einen bunten Fleck in Ihrem Gesichtsfeld bemerken. Dieser rührt von der kurzfristigen Überreizung Ihrer Netzhaut her. Nun bewegen Sie Ihr Auge (indem Sie es vorsichtig über das Augenlid berühren) mit einem Finger hin und her. Sie werden merken: Das Bild schwankt, aber der bunte Fleck bleibt am Ort.

Und das ist der Beweis dafür, dass ebenjener bunte Fleck direkt aus Ihrem visuellen Kortex gesendet wird, also aus dem Teil Ihres Gehirns, der sich mit dem Sehen beschäftigt. Der Rest des Bildes entspricht dem optischen Sinneseindruck der Außenwelt.

Damit wäre der erste Schritt getan. Wir erkennen, dass unsere Sinneseindrücke immer Mischungen von äußeren Reizen und inneren Korrespondenzen darstellen.

Im Gespräch können wir das nutzen, um mit den Impulsen unserer Gesprächspartnerinnen und Gesprächspartner unserer eigenen Wahrnehmung immer wieder neue Bausteine hinzuzufügen. So lernen wir aus einer anderen Perspektive neu sehen und den anderen Blick als Bereicherung für uns zu schätzen. Ob wir es wollen oder nicht: Unser Gehirn merkt sich alles, und das schon beim ersten Mal.

Nur den Zugriff, den können wir, ja den *müssen* wir selbst steuern, damit persönliches Interesse entstehen kann. Zu dieser Freiheit scheinen wir also verpflichtet zu sein. Andernfalls würde uns die breite Masse der Normopathen[34] ergreifen, und wir nehmen, ohne es zu merken, nur noch an einer weltweiten LAN-Party teil.

… und damit das nicht passiert, beende ein Kopfstand dieses Kapitel:

Tom Peters, Gesicht, Aquarell auf Karton, 2017

Tom Peters, Through, Mischtechnik, 2017

5. Von der Angst zur Entwicklung

Geh davon aus, dass die Person, der du zuhörst, etwas wissen könnte, was du nicht weißt.
(Original: Assume that the person you are listening to might know something you don't; eigene Übersetzung)
Jordan Peterson

Ich darf Angst haben – und manchmal ist sie ein Indiz für Entwicklung.

Wundern Sie sich darüber, dass Sie in einem Buch über das Gespräch das Wort »Angst« in einer Kapitelüberschrift finden? Wenn wir uns in der Welt umschauen, ist das gar nicht unrealistisch. Es gibt ziemlich viele Regionen, in denen offenes Reden sehr gefährlich ist. Ein Witz über den König oder den Präsidenten, eine kritische Bemerkung über einen Prinzen oder eine Regierung, Humor an der falschen Stelle – all diese Dinge können langjährige Haftstrafen oder sogar Schlimmeres nach sich ziehen. Noch vor nicht allzu langer Zeit waren auch im Osten Deutschlands viele Gefängniszellen von Menschen bewohnt, die das Pech hatten, für kritische Worte denunziert und dann bestraft zu werden. Mächtige Menschen wussten und wissen, dass der offene Dialog ihnen gefährlich werden kann. In einem System, das nicht demokratisch ist, wird das Gespräch deshalb oft kontrolliert und die Kommunizierenden werden eingeschüchtert oder behindert.

Theodore Zeldin (1999, S. 15) schreibt ernüchtert mit Blick auf das Gespräch in der Gesellschaft: »In der Vergangenheit hatten die meisten Menschen zu große Angst, viel zu reden, in der Öffentlichkeit wie selbst privat. Es war zu gefährlich, peinlich oder schmerzlich. [...] Die Welt wurde in ihrer Geschichte größtenteils durch das einschüchternde oder das ausweichende Gespräch regiert.«

Sehr wahrscheinlich sind Sie jetzt gerade nicht in dieser Weise gefährdet und das ist ein großes Glück. Um die äußere Sicherheit geht es im Folgenden nicht. Wohl aber um die innere.

Die drei Sicherheitszonen

Wenn wir ein echtes Gespräch beginnen, sprechen wir eine Einladung aus. Unsere Gesprächspartner sollen etwas preisgeben: über sich selbst, was sie denken oder wollen, über Dinge, die sie beschäftigen. Beide Seiten brauchen Mut: die eine, um die Einladung auszusprechen, die andere, um die Einladung anzunehmen. Ein echtes Gespräch setzt also voraus, dass wir offen sind – und damit verletzbar. Es klingt paradox, doch es ist gerade diese Verletzbarkeit, die uns stark macht. Die Tatsache, dass wir unsicher sind, sogar Angst haben, uns einer anderen Person mit Worten zu nähern, bedeutet ja schließlich: Der Kontakt ist uns etwas wert.

Doch was wäre die Alternative? Uns unverletzlich zeigen, weil uns nichts und niemand so viel wert ist, dass wir uns öffnen? Uns im Austausch mit anderen auf Banalitäten (»Schönes Wetter heute!«) und Sachinformationen (»Wo ist der Kaffee?«) beschränken?

Ein Reden ohne das Risiko, das die Nähe nun einmal mit sich bringt, käme uns teuer zu stehen. Die Abschottung würde uns erstens hart machen – wir wären zwar weniger verletzlich, aber auch weniger fähig, Gemeinschaft mit anderen zu spüren. Zweitens würden wir uns auch Entwicklungsmöglichkeiten versagen: Menschen entwickeln sich nicht im luft- und menschenleeren Raum. Nicht zu vergessen ein dritter Aspekt: Wenn wir nur über Themen reden, bei denen garantiert nichts passiert, dann erzeugen wir sehr bald vor allem eines: Langeweile. Wenn wir Kontakt und Entwicklung blockieren, wäre das also ein hoher Preis für Sicherheit.

Doch eine grundsätzliche Sicherheit brauchen alle Menschen, um mit ihren Aufgaben, ihrer Umwelt und anderen Menschen gut umgehen zu können.

Erinnern wir uns an die Unterscheidung der limbischen Typen im ersten Kapitel: Bei bestimmten Persönlichkeiten ist das Vorsichtszentrum im Hirn besonders empfindlich. Das Gefühl von Stabilität und Sicherheit ist denjenigen Menschen besonders wichtig, die Balance oder Harmonie anstreben.

Vor dem, was uns Angst macht, wollen wir uns in Sicherheit bringen. Denn Angst ist ungemütlich. Weil wir es nun einmal gern bequem haben, gibt es inzwischen reichlich Vermeidungsstrategien, wenn das direkte Gespräch mit Risiken verbunden ist: Wir plaudern über belangloses Zeug, anstatt über wichtige, dringende oder interessante Themen zu reden. Oder wir wandern direkt in die digitale Kommunikation ab. Die Kommunikation über Apparate schenkt uns die Illusion, dass wir die Risiken in unseren Begegnungen und Gesprächen kontrollieren können. Texten ist viel sicherer als Reden – wenn wir schreiben, können wir in aller Ruhe überlegen und formulieren. Die Tiefe des Gesprächs ist meistens sehr überschaubar. Außerdem gibt es eine Distanz zwischen uns und den Empfängern der Botschaft, die sehr schön beruhigend wirken kann. Per WhatsApp eine Beziehung zu beenden: Das geht heute. Ideal, um sich vor der Reaktion des Gegenübers ziemlich angstfrei wegzuducken.

Doch nehmen wir einmal an, Sie wählen den direkten Weg des persönlichen Gesprächs: weil Sie über etwas Interessantes, Substanzreiches, Neues reden möchten und sich dazu die Reaktion Ihres Gegenübers wünschen. Und nehmen wir außerdem an, Sie fühlen sich dennoch unbehaglich. Dann ist erst einmal gar nicht wichtig, ob dieses Unbehagen berechtigt ist oder nicht. Das, was wir fühlen, ist für uns ganz selbstverständlich eine Tatsache: Schließlich sprechen Gefühle eine deutliche Sprache. Und fast immer hat das, was wir fühlen, einen großen Einfluss auf das, was wir tun und sagen. Nehmen wir das Unbehagen also ernst. Es ist okay, wenn wir für unsere Sicherheit sorgen.

Im Gespräch empfinden wir in drei Bereichen Sicherheit (oder Unsicherheit!):

1. Umgebung
2. Gegenüber
3. Ich selbst

Wir sehen uns diese drei Bereiche im Folgenden näher an. Zunächst den einfachsten: die Umgebung, in der unsere Gespräche stattfinden.

Sicherheit im Gespräch: Die Umgebung

Unter »Umgebung« verstehen wir die Situation und gegebenenfalls die Menschen, die das Gespräch flankieren, aber nicht unmittelbar daran beteiligt sind. In unseren täglichen Gesprächen brauchen wir in der Regel keine Angst davor zu haben, dass uns Spitzel abhören oder Blockwarte belauschen. Es gibt aber dennoch Risiken. Eine nicht gut einschätzbare (oder sogar auf Fehler lauernde) Gruppe, die Ihrem Gespräch zuhört, ist nicht gerade ein Wohlfühlfaktor. Deswegen benötigen Sie zum Beispiel eine gute Portion Kaltblütigkeit, wenn Sie in einer Talkshow zu Gast sind.

Wir haben mehrfach miterlebt, was ein Livegespräch im Fernsehen bedeutet, und finden: Es gibt günstigere Möglichkeiten, um sich im Gespräch zu begegnen! Dennoch gibt es den ein oder anderen Grund, um sich trotzdem vor die Kamera zu setzen und mit anderen zu reden. Erfahrene Talkshowgäste tun vor allem eins, um für ihre Sicherheit zu sorgen: Sie legen viel, sehr viel Wert auf eine gute Vorbereitung und eine dazu passende Inszenierung, um die eigene Wirkung abzusichern.

Talkshows sind natürlich die Ausnahme. (Jedenfalls wünschen wir Ihnen das. ☺) Wenn Sie annehmen, dass Ihre Umgebung für ein Gespräch relativ unsicher ist, dann nutzen Sie eine der folgenden Strategien, um die Umgebung zu sichern:

1. Die Umgebung ist physisch nicht sicher
Die Strategie ist klar, oder? Nichts wie weg! – Später können Sie über die gefährliche Lawine, die finster aussehenden Gestalten oder den amoklaufenden Jungbullen immer noch wunderbare Gespräche führen.

2. Andere können mithören
Nehmen wir einmal an, Sie wollen das nicht. Ebenfalls ein No-Brainer: Wechseln Sie den Gesprächsort. Vertagen Sie sich. Oder schließen Sie die Tür.

3. Es gibt Störungen
Störungen bedrohen zwar nicht uns, wohl aber die Qualität unserer Gespräche. Einerlei, ob es akustische, optische oder andere Störungen sind: Wägen Sie ab, ob Sie gemeinsam darüber lachen, sie abstellen, den Ort wechseln oder für eine Zeit schweigen wollen. Ein beunruhigendes Wackeln des Flugzeugs etwa kann zu zweierlei führen: zu einer kurzen Unterbrechung des Gesprächs oder zu seiner Weiterführung – weil es einfach eine nette Ablenkung von der eigentlichen Angst ist.

Sie sehen: Es gibt bei Unsicherheiten oder Störungen in Ihrer Umgebung keine großen Schwierigkeiten, im Gespräch eine Entscheidung zu treffen, um für mehr Sicherheit zu sorgen. Interessanter wird es, wenn es um die Gesprächsbeteiligten geht.

Sicherheit mit dem Gegenüber

Im dritten Kapitel – es ging dort um Ablenkung – haben Sie bereits diese Begegnung zwischen Otto und seiner Nichte Emily miterlebt:

Jetzt sag doch mal, was du denkst! (Ursprüngliche Version)
Otto: *Die spinnen doch in der SPD. Kein Wunder, dass sie in den Wahlen jetzt abschmieren.*
Emily: *Die haben es gerade schwer. Sie bekommen von links und von rechts Probleme.*
O: *Ach, hör mir auf. Die haben doch überhaupt keine Ideen. Und das bisschen, was da ist, das verkaufen sie nicht gut.*

E: *Na ja …*
O: *Jetzt sag doch mal, was du denkst. Das sind doch alles Fakten.*
E: *Ich will mich nicht streiten.*
O: *Wieso streiten???*

Wie wir schon festgestellt haben, hat Emily ein größeres Bedürfnis nach Harmonie als ihr Onkel. Deshalb stresst sie der Austausch mit Otto, und sie wendet sich erleichtert ab, als ihr Onkel mit Sarah eine Gesprächspartnerin findet, die ihm ordentlich Kontra gibt. Unter einem guten Gespräch stellt Emily sich jedenfalls etwas anderes vor.

Für ihr Unbehagen in diesem Gespräch gibt es zwei Möglichkeiten: Entweder verursacht Onkel Otto den Stress oder der Stress hat etwas mit Emily selbst zu tun.

Ganz streng lassen sich die beiden Gründe nicht voneinander trennen. Es hilft uns aber, wenn wir auf beide Angstquellen separat sehen – und dann Lösungen finden. Schauen wir zunächst auf die Onkel Ottos dieser Welt: unsere Gesprächspartnerinnen und Gesprächspartner. Aus unserer Sicht gibt es zwei große Angstquellen: Die eine beruht darauf, dass sich unser Gegenüber nicht gut einschätzen lässt, die andere darauf, dass wir es als schwierig wahrnehmen.

Das Gegenüber lässt sich nicht gut einschätzen

In die Kategorie der Menschen, die wir schlecht einschätzen können, gehören völlig Fremde, aber auch wenig bekannte Personen. Wenn Emily ihren Onkel nur alle paar Jahre einmal sieht, ist er womöglich für sie schwer einzuschätzen. Auch sehr ruhige Menschen, mit denen wir nicht oft reden, können uns ein Rätsel sein. Von ihnen erhalten wir nicht genügend Informationen, um einen sicheren Eindruck davon zu bekommen, wie die Gesprächsinhalte bei ihnen wirken. Im folgenden Beispiel ist der Gesprächspartner fremd und ruhig gleichzeitig.

Das Dinner (1)

Tom und Sylvia sind zu einem Abendessen bei Freunden eingeladen. Sylvia gegenüber sitzen die beiden anderen (und ihr noch unbekannten) Gäste Heinz und Annie. Ihre Gastgeber Ulli und Matt sind gerade in der Küche beschäftigt; Tom unterstützt sie. Heinz ist sehr, sehr still – ein leiser Mensch.

Sylvia: *Woher kennt ihr denn unsere Gastgeber?*
Annie: *Heinz und Ulli sind schon zusammen zum Gymnasium gegangen.*
S: *Oh – wie war Ulli denn so als Teenager?*
A: *Das ist schon ganz schön lange her.*

Sylvia fühlt sich unbehaglich. Offensichtlich hat das Paar eine Art Abkommen miteinander: Annie redet, Heinz nicht. Heinz erscheint dabei nicht böse oder unwillig – er hat sich einfach in dieser Art von (Nicht-) Kommunikation eingerichtet.

In dieser Phase treffen Sie am besten eine grundsätzliche Entscheidung: Versuchen Sie weiter, eine Begegnung herzustellen, oder lassen Sie es? Schließlich zwingt Sie niemand, einen schweigenden Heinz zum Reden zu bringen. Es gibt aber Situationen, in denen sich der Versuch lohnt. Eine Vorgesetzte zum Reden bringen, einen mürrischen Teenager oder einen Topprofi seines Fachs – das kann sich lohnen.

Strategie 1: Machen Sie sich klar, wozu Sie sich diese Begegnung und dieses Gespräch wünschen.

Sylvia stellt bei jener Dinnereinladung fest: Sie hat der Ehrgeiz gepackt. Mit einem Extrovertierten reden kann ja jede, denkt sie sich. Und Bücher über Intros zu schreiben, ist die eine Sache – den Intro Heinz zu einer Begegnung im Gespräch zu verleiten, eine andere. Sie entscheidet: Weiter!

Das Dinner (2)
Sylvia (in Richtung Heinz): *Ja, wie schnell die Jahrzehnte so vorbeisausen. Heinz?*
Annie (sieht leicht irritiert ebenfalls Heinz an)
Heinz: *Hm?*
S: *Erinnerst du dich an eine besondere Situation, die du als Teenie mit Ulli erlebt hast?*
H (schweigt eine Zeit): *Ulli war der Skandalredakteur.*
S (lächelt Heinz an): *Skandal? Ulli?*
A: *Das hast du mir nie erzählt!*

S: *Was ist denn passiert?*
H: *Wir waren beide in der Gruppe, die die Abizeitung vorbereitete. Ulli hatte lauter peinliche Auftritte von Lehrern gesammelt.*
S: *Und die hat er dann genutzt?*
H: *Ja. Und er hat sie vor dem Druck niemandem gezeigt. Auch mir nicht.*
S: *Das hört sich nach einer Überraschung an.*
H: *Kann man so sagen.*
S: *Und der Skandal?*
H: *Hat uns die Abifeier gekostet.*
A: *Jetzt sag mal – was hat er denn so Böses geschrieben?*
H (lächelt hintergründig): *Das erzählt er uns bestimmt gern persönlich …*

Sylvia wendet in dieser Situation die zweite Strategie an:

Strategie 2: Zuhören und Informationen aus dem Gesagten nutzen!

Sie nimmt die Information, die Heinz ihr bietet, und fragt auf dieser Basis behutsam weiter. Dabei achtet sie gleichzeitig auf Strategie 3:

Strategie 3: Kleine, kleine Schritte!

Das bedeutet: Sich und dem anderen Zeit lassen und bei dem bleiben, was das Gegenüber sagt. Steuern Sie selbst erst einmal ganz wenig bei: Sie wollen ja schließlich den anderen besser kennenlernen und einschätzen! Es wäre in dieser Phase zum Beispiel gar nicht klug, sich darüber auszulassen, dass Ulli heute noch ein Sammler ist. Oder dass er es immer lustig findet, wenn er andere schockiert. Sylvia bleibt deshalb in der Situation von damals und damit in der Welt, die Heinz mit seinen wenigen Worten aufgebaut hat. Weiter geht sie nicht. Das ist auch deshalb klug, weil Annie die Geschichte genauso wenig kennt wie Sylvia. Sie ist also einstweilen zum Zuhören verurteilt. Auf Dauer kann das dem Gespräch schaden, weil Annie ihre ungewohnte Rolle gar nicht so lustig findet.

Strategie 4: Etwas dazulegen! (Und Strategie 3 weiter beachten!)

Sylvia beschließt also, Strategie 4 zu nutzen, um die Situation etwas aufzulockern: Es gilt jetzt, auch Annie ins Gespräch zu holen.

Das Dinner (3)

Sylvia: *Ich frage ihn gleich! – Annie, habt ihr beiden euch auch auf dem Gymnasium kennengelernt? Vor dem Skandal?*

Annie (lacht): *Nein, das war viel später, das war an der Uni. Heinz war mein Tutor. Er hat meine Arbeitsgruppe betreut.*

S (lacht): *Das ist nachhaltiges Lernen …*

Annie / Heinz (lachen beide)

A: *Es brauchte trotzdem noch diesen kleinen Fahrradunfall …*

S: *Heinz – was hast du getan?*

H: *Es war Glatteis und sie ist mir vors Auto gesegelt.*

S: *Oh! Ob das ein gutes Omen war?*

A / H (lachen)

H (etwas maliziös): *Der erste Eindruck prägt …*

Hier hängt sich Sylvia aus dem Fenster und geht ihr erstes Risiko ein: Glatteis als ein Omen für eine nachfolgende Ehe? Aber die Rechnung geht auf; das Gespräch wird deutlich interessanter. Und als die drei Männer mit dampfenden Schüsseln und Platten aus der Küche kommen, ist das Gespräch in vollem Gange – gerade geht es um die Wahrscheinlichkeit, dass Paare auf Dauer zusammenbleiben. Es wird ein netter Abend, mit gutem Essen, viel Lachen und einer erstaunlichen Tiefe in der Begegnung.

Strategie 4 bedeutet grundsätzlich, dass Sie zunächst das nehmen, was Ihr Gegenüber erzählt, und dann darauf etwas aufbauen, was über das Gesagte hinausgeht oder es auf interessante Weise weiterführt.

Die vier Strategien sind ziemlich einfach. Probieren Sie sie aus, wenn Sie Ihr Gegenüber besser einschätzen wollen. Sie werden in den meisten Fällen deutlich an Sicherheit gewinnen. Im nächsten Kapitel finden Sie darüber hinaus Anregungen, wie Sie sich auch auf sprachlicher Ebene auf Ihr Gegenüber einstellen, wenn Sie sich nicht gut kennen.

Hier noch einmal eine Übersicht über die vier Strategien, die sich im Umgang mit schwer einschätzbaren Gesprächspartnern anbieten:

- Strategie 1: Machen Sie sich klar, wozu Sie sich diese Begegnung wünschen.

- Strategie 2: Zuhören und Informationen aus dem Gesagten nutzen!
- Strategie 3: Kleine, kleine Schritte!
- Strategie 4: Etwas dazulegen! (Und Strategie 3 weiter beachten!)

Das Gegenüber ist schwierig

Eine andere Art von Unsicherheit ist es, wenn sich die Person, mit der Sie reden, als schwierig bis unberechenbar entpuppt: Das kann echten Stress bedeuten – mit zuweilen heftigen Angst- und Beklemmungsgefühlen! Unser Vorsichtszentrum, die Amygdala, schlägt in ganz anderer Weise aus.

Wenn sich Otto und Emily unterhalten, kennen sie sich immerhin. Das ist vor allem für die vorsichtige Emily wichtig: Sie rechnet wahrscheinlich damit, dass ihr Onkel streitlustig seine aktuelle Lieblingsthese von sich gibt. Und trotzdem: Otto gehört für Emily sicher zu den schwierigen Gesprächspartnern.

Nehmen wir einmal an, Emily will das Gespräch trotz Stress weiterführen. Sie will nach langer Zeit eine Begegnung mit Otto. Sie mag ihn eigentlich. Oder er ist ihr Erbonkel. ☺

Wenn Emily sich für das Gespräch entscheidet und es auch für sie eine gute Begegnung werden soll, dann lohnt es sich, ihren Stress genauer zu verorten. Das ist mit diesem Ablauf einfach:

Otto und Emily: Die erste Geschichte (Emilys Sicht)

Reiz	Geschichte	Gefühle	Verhalten
Onkel Ottos Worte. Wie er dabei aussieht. Die Lautstärke.	Der greift mich an! Ich muss mich schützen!	unsicher, ängstlich, gestresst	Flucht oder Erstarren

Emily schätzt eher Balance und Harmonie. Wäre sie eher risikofreudig und abenteuerlustig (mit mehr Dominanz und Stimulanz in den emotionalen Steuerungssystemen – so wie ihr Gesprächspartner), dann würde sie mit Otto ebenso gern die Klinge kreuzen, wie Sarah das im dritten Kapitel tut. Weil sie aber eben so ist, wie sie ist, deutet sie ihre Eindrücke im Gespräch mit Otto so wie oben. Otto stresst Emily, weil er nicht so handelt, wie es ihren Bedürfnissen entspräche.

Aus den visuellen und akustischen Eindrücken entsteht in ihrem Hirn wie von selbst eine Geschichte über das, was gerade passiert. Dies bedeutet nicht, dass die Geschichte real ist. Sie ist nur gerade das, was Emily für wirklich hält. Entscheidet sich Emily, das Gespräch weiterzuführen, dann kann sie genau hier ansetzen: an ihrer Geschichte.

Dabei besteht die Kunst darin, die eigene Geschichte erstens zu erkennen und sie zweitens zu verändern.

Weil die Gefühle und das Verhalten im Gespräch der Geschichte folgen, hat Emily über eine neue Geschichte eine Möglichkeit, die Situation zu gestalten und dabei deutlich zu entstressen. Vorausgesetzt natürlich, sie kann ihre Geschichte auch glauben. Dazu ist keine Gehirnwäsche nötig, sondern – als dritter Faktor – der Wille, einen anderen Blickwinkel einzunehmen, indem wir uns von unserer Angst lösen.

Emily schafft das, indem sie Onkel Otto einfach so nimmt, wie er ist – ohne ihn zu bewerten und ohne Forderungen an ihn zu stellen. Dadurch gelingt es ihr, eine andere Geschichte zu entwickeln, die für sie genauso wahr ist wie ihre erste.

Otto und Emily: Die zweite Geschichte (Emilys Sicht)

Reiz	Geschichte	Gefühle	Verhalten
Onkel Ottos Worte. Wie er dabei aussieht. Die Lautstärke.	Der braucht das wohl. Was für ein Kampfgeist! Mal sehen, was passiert!	akzeptierend, bewundernd, neugierig, spielerisch	Standhalten Humor Lernen Spiel

Sie sehen: Es ist ein guter Ansatz, wenn wir bei schwierigen Gesprächspartnern den anderen erst einmal so sein lassen, wie er ist und wirkt. Von Don Miguel Ruiz (2012) stammt der Satz: Nichts von dem, was andere tun, hat mit dir zu tun. Diese Aussage entspannt. Emily kann von sich selbst ab- und zu ihrem Onkel hinsehen, ohne ihn oder sein Verhalten zu bewerten. Wenn Emily es schafft, den kampflustigen Onkel wie in der zweiten Geschichte einfach bei sich selbst zu lassen, dann kann ihre Angst sich lösen: Denn Emily findet jetzt Sicherheit in ihrer eigenen Haltung. Onkel Otto ist so okay, wie er ist, und manchmal verhält er sich ungünstig. Darf er. Und das Gespräch kann mit diesem Hintergrund sogar gut klappen:

Jetzt sag doch mal, was du denkst! (Neue Version)

Otto: *Die spinnen doch in der SPD. Kein Wunder, dass sie in den Wahlen jetzt abschmieren.*

Emily: *Die haben es gerade schwer. Sie bekommen von links und von rechts Probleme.*

O: *Ach, hör mir auf. Die haben doch überhaupt keine Ideen. Und das bisschen, was da ist, das verkaufen sie nicht gut.*

E: *Wow, du bist ja richtig sauer auf die.*

O: *Na klar! Das ist doch zum Wahnsinnigwerden!*

E: *Stell dir mal vor, du bist Andrea Nahles: Was ist das Erste, was du anders machst?*

O: *Neue Frisur!*

E: *Ach komm schon! Wir wollen doch hier Probleme lösen, oder?*

Die spielerische Haltung, die ihre Geschichte ihr ermöglicht, entspannt Emily. Onkel Otto entdeckt seinen eigenen Humor, weil Emily ihm mit ihrem begegnet. Sie zeigt durch ihr Verhalten, dass sie sich für ihn interessiert.

Die neue Geschichte unterscheidet sich in einem wesentlichen Bereich von der ersten: Sie verzichtet auf negative Bewertungen. Stattdessen sieht Emily mit Verständnis und Humor auf ihren Onkel – sie nimmt ihn ernst, ist aber nicht darauf angewiesen, dass er sich auf eine bestimmte Art und Weise verhält. Die innere Haltung entspricht einem »Du darfst so sein, wie du bist, und ich darf so sein, wie ich bin«.

Versuchen Sie das Gleiche in Ihren eigenen Gesprächen: Verwandeln Sie negative Bewertungen in gelassenes Wahrnehmen – vielleicht finden Sie sogar Vorteile im Verhalten Ihres Gegenübers? Auf diese Weise kommen Sie aus dem Stress des Gegeneinanders heraus und schaffen stattdessen eine schöne Basis für eine angstfreie Begegnung: Verständnis nämlich. Hier sind einige Anregungen, die wir aus verschiedenen schwierigen Gesprächsphasen gesammelt haben:

Negative Bewertungen verwandeln

Negative Bewertung	Umwandlung
unpünktlich	braucht Flexibilität
stur (= einfach nicht abzubringen von etwas)	steht für etwas, ist beharrlich, prinzipientreu
ungeduldig	braucht Tempo, trifft schnell neue Entscheidungen
pedantisch	gründlich, sorgfältig
Erbsenzähler	vertrauenswürdig
unkonzentriert	nimmt viele Dinge gleichzeitig wahr
unselbstständig	guter Teamplayer

Lassen Sie uns nun einen schwierigeren Fall ansehen. Manchmal erwischen uns die Schwierigen kalt – vor allem dann, wenn wir eigentlich mit einem freundlichen Miteinander rechnen. Hier ist ein Dialog, den uns unsere Freundin Marie spendiert hat; sie fröstelt noch immer, wenn sie an die Situation denkt.

Auf einer Feier (1)

Marie ist bei ihrer Kollegin zum Geburtstag eingeladen. Es ist eine große Feier und sie kennt außer der Gastgeberin niemanden. Die Frau rechts von ihr beobachtet in aller Ruhe die Gästeschar und sieht ziemlich cool aus – gut gekleidet, selbstsicher, Sektglas in der Hand. Marie fasst sich ein Herz.

Marie: *Hallo, ich bin Marie. Woher kennst du denn das Geburtstagskind?*

Olga (sieht langsam in Richtung Marie und zieht die Augenbrauen zusammen): *Ge-burts-tags-kind?* (Dreht sich kopfschüttelnd um und schlendert auf eine Gruppe zu.)

M (fühlt sich, als ob ihr jemand in den Magen geboxt hat)

Wahrscheinlich ist, dass in Marie ein ganzer Cocktail mieser Gefühle hochkommt: Die Furcht vor sozialer Zurückweisung ist uns angeboren; wir wollen dringend gemocht werden. Womöglich erschreckt sich Marie erst einmal. Dann könnte es sein, dass sie durch das Stehengelassenwerden einen demütigenden Gesichtsverlust empfindet und sich schämt. Das ist besonders dann wahrscheinlich, wenn andere die Situation beobachtet haben. Hier ist Maries Geschichte mit allen Folgen:

Marie und Olga: Die erste Geschichte

Reiz	Geschichte	Gefühle	Verhalten
Olgas Worte. Wie sie dabei aussieht. Die Kälte. Stehen gelassen werden.	Die hasst mich! Ich muss mich schützen! Oh mein Gott – was habe ich ihr getan?	schockiert ängstlich oder gestresst gedemütigt verärgert	Flucht Erstarren

Marie kann sich auch hier eine andere Geschichte bauen, die auf der Annahme von Don Miguel Ruiz beruht: Das, was Olga tut, hat nichts mit ihr persönlich zu tun. Nur mit Olga. Mit dieser inneren Haltung ändert Marie die Geschichte:

Marie und Olga: Die zweite Geschichte

Reiz	Geschichte	Gefühle	Verhalten
Olgas Worte. Wie sie dabei aussieht. Die Kälte. Stehen gelassen werden.	Der geht es nicht gut. Ich bin nur zufällig gerade ihr Ziel. Was ist ihr nur passiert?	mitfühlend gefasst gleichmütig teilnahmsvoll zugewandt	Aktion oder Ruhe

Sie sehen: Wie eben Emily kann Marie dann aus ihrer Angst herauskommen, wenn sie die Ebene der negativen Bewertungen (in der ersten Geschichte) verlässt und stattdessen eine gelassene Haltung einnimmt. Wenn das gelingt, kann ein Gespräch in vielen Fällen Aggression abbauen (Zeldin 1999, S. 19). Wenn Sie nachschlagen wollen, gibt es dazu ein großes Repertoire an Methoden, etwa Deeskalationstechniken oder das Konzept der *Gewaltfreien Kommunikation* von Marshall B. Rosenberg. Hier in unserem Begegnungsbuch soll es eher um das Gelingen des Gesprächs gehen. Wenn das Gegenüber aggressiv wird, sind dabei zwei Dinge wichtig: Marie soll sich nicht entmutigen lassen – und auch nicht einschüchtern. Begegnungen im Gespräch gelingen manchmal, und manchmal gelingen sie nicht.

Auf einer Feier (2)

Marie: *Hallo, ich bin Marie. Woher kennst du denn das Geburtstagskind?*

Olga (sieht langsam in Richtung Marie und zieht die Augenbrauen zusammen): *Ge-burts-tags-kind?* (Dreht sich kopfschüttelnd um und schlendert auf eine Gruppe zu.)

M (atmet tief durch und überlegt einen Moment. Beschließt, dass Olgas Verhalten mit ihr nichts zu tun hat. Holt sich etwas zu trinken. Trifft Mahmud, einen ehemaligen Kollegen des Geburtstagskinds. Redet mit ihm über die ehemaligen Stellen der beiden.)

Manchmal können wir ein schwieriges Gegenüber sogar entspannen und ihm über eine Brücke ein Gespräch ermöglichen. Das ist schwer, wenn sich unser Gegenüber so ablehnend und verletzend verhält wie Olga. Marie zeigt deshalb in der folgenden Szene richtig Mut:

Auf einer Feier (3)

Marie: *Hallo, ich bin Marie. Woher kennst du denn das Geburtstagskind?*

Olga (sieht langsam in Richtung Marie und zieht die Augenbrauen zusammen): *Ge-burts-tags-kind?* (Dreht sich kopfschüttelnd um und schlendert auf eine Gruppe zu.)

M (atmet tief durch und überlegt einen Moment. Geht dann Olga nach. Stellt sich ruhig und freundlich neben sie.)

O (blickt irritiert auf Marie)

M: *War das gerade ein falscher Moment?*

O: *Ach was, falsch. Immer dieses dumme Gequatsche.*

M: *Du findest das blöd, was ich gesagt habe.*

O: *Na ja …*

M: *Tut mir leid. Ich hätte einfach gern ein paar Takte mit dir geredet.*

O: *Ist schon gut. Ist gerade nicht mein Film. Liegt aber nicht an dir.*

M: *Ist okay. Bis später!* (Lächelt. Entfernt sich in aller Ruhe wieder.)

Sie sehen: Marie bedient sich hier bei den vier Strategien aus dem letzten Abschnitt. Sie nimmt behutsam das, was Olga sagt, und entwickelt es Schritt für Schritt und mit großer Vorsicht weiter. Dabei übernimmt sie Verantwortung dafür, dass es nicht geklappt hat mit der Begegnung. Chapeau!

Der andere kann dich nur dann zu einer Fußmatte machen, wenn du dich dazu hinlegst. (Amerikanisches Sprichwort)

Vielleicht denken Sie jetzt, dass Maries Entscheidung, noch einmal das Gespräch mit Olga zu suchen, ziemlich riskant ist. Damit haben Sie recht. Prüfen Sie bei schwierigen Gesprächspartnern für sich zweierlei: erstens, ob sich das Risiko für Sie auch lohnt. Zweitens, ob Sie in diesem Moment innerlich stark und gelassen genug sind, um die Situation erfolgreich zu gestalten. Auf dem Kapitalmarkt ist die Sache klar: Hohe Zinsen gibt es für hohe Risiken. So kann auch riskantes Reden besonders hohe Zinsen bringen: eine besondere Begegnung. Neues Wissen. Eine Entwicklungsmöglichkeit. Oder ein persönlicher Standpunkt, der uns zuvor nicht klar war.

In Ruhe sehen, was geht: Die Sicherheit in uns

> *Wenn unser Gefühl von dem, wer und was wir wirklich sind,*
> *von Bedürftigkeit und Unsicherheit bestimmt wird, vergessen wir,*
> *dass wir ja auch neugierig, humorvoll und fürsorglich sind.*
> Tara Brach (2013)

Nach der Sicherung von Gesprächsumgebungen haben wir uns den Umgang mit »unsicheren« Gesprächspartnerinnen und Gesprächspartnern angesehen. In diesem Abschnitt geht es um die dritte Sicherheitszone im Gespräch: die Sicherheit in uns selbst.

Gehen wir einmal davon aus, dass uns unsere möglichen Gesprächspartner bekannt und auch freundlich zugewandt sind – also keine schwierigen Fälle wie die aus dem letzten Abschnitt. Bleiben die Ängste, die wir durch das empfinden, was wir uns selbst erzählen:

- Wir fürchten uns vor Zurückweisung.
- Wir fürchten uns davor, Schwäche zu zeigen und angreifbar zu werden.
- Wir fürchten uns davor, dass unser Gegenüber emotional anstrengend reagiert.

Das kann uns dazu bringen, im Gespräch jedes Risiko zu vermeiden. Je größer die eigene Angst ist, umso größer wird die Distanz zu den Menschen um uns herum sein. Das kann bis hin zur Feindseligkeit gehen: weil wir meinen, uns abgrenzen und schützen zu müssen. Wir beharren darauf, dass unsere Standpunkte die richtigen sind, und pflegen womöglich ein Überlegenheitsgefühl (»Ich habe recht«) gegenüber »Andersgläubigen«. An der Oberfläche fühlen wir uns so weniger verletzlich. Denn die Angst ist weniger spürbar.

Das hat allerdings seinen Preis. Erstens einen allgemeinen: Wo wir uns vor Angst schützen, verbarrikadieren wir uns auch vor anderen Gefühlen: vor Freude, vor Überraschung und vor Zuneigung zum Beispiel. Insofern hat ein Sichabschotten mehr Angst, mehr Unwohlsein, mehr Distanz, mehr Ablehnung zur Folge. Zweitens zahlen wir auch in unseren Gesprächen: In »sicheren« Gesprächen werden die lebendigen, kreativen, überraschenden Momente blockiert. Das Spielerische hat keinen Raum, eine echte Gemeinschaft und Begegnung mit anderen erst recht nicht. Wenn wir wirklich eine Begegnung wollen, dann bedeutet das: unser Gegenüber zumindest ein Stück an uns heranzulassen – indem wir auch einmal ein Risiko eingehen.

Unser Blick auf unser Gegenüber wird sich möglicherweise verändern – und das Verhalten dieses Gegenübers ebenso. Im besten Fall entsteht aus einer anfangs schwer einzuschätzenden Begegnung ein Miteinander mit so viel Vertrauen als sozialem Klebstoff, dass es immerhin für ein interessantes Gespräch reicht.

Wenn wir den Mut haben, über unsere eigene Angst und unseren verengten Horizont hinaussehen und das Gespräch mit »den anderen« zu suchen, dann bringen wir diese geschlossenen Systeme miteinander in Verbindung – und schaffen neue Begegnungen und neue Erkenntnisse. Entscheidend dafür ist unsere eigene innere Haltung. Ein schönes Beispiel für ein behutsames Sich-aufeinander-Zubewegen ist das folgende Gespräch zwischen der Professorin Ulrike Schaub und einer Studentin. Ulrike Schaub ist eine breit aufgestellte Naturwissenschaftlerin, Wirtschaftswissenschaftlerin und Public-Health-Expertin. Beeindruckend an ihr ist unter anderem die Qualität der Gespräche, die sie mit ihren Studierenden pflegt. Sie schafft es, weit über das Fachliche hinaus das Denken der jungen Männer und Frauen anzuregen: indem sie mit ihnen spricht.

Der nachfolgende Dialog ist deutlich ein Personal Talk. Er zeigt, wie zwei Haltungen gut nebeneinander bestehen und zu neuen Entdeckungen ermutigen können – vorausgesetzt, wir überwinden die Unsicherheit und finden einen Gesprächsmodus mit unserem Gegenüber. Das Gespräch fand vor Kurzem nach einer Marketing-Vorlesung für Masterstudierende an einer Hochschule in Rheinland-Pfalz statt. Wir haben den Dialog leicht gekürzt. Dozentin und Studentin haben gerade auf Wunsch der Studierenden ein neues Thema für eine Semester-Projektarbeit vereinbart.

Das neue Kopftuch

Studentin: *Kann ich Sie noch etwas fragen?*

Ulrike Schaub: *Sicher!*

Stud: *Ist Ihnen an mir etwas aufgefallen?*

US: *Ja, ich bin ja schon aufmerksam. [...] Ihr Kopftuch. Nicht wahr, darauf spielen Sie an?*

Stud: *Ja ... Ich möchte nicht, dass Sie denken, nur weil ich jetzt zeige, dass ich mich als Muslima sehe, dass ich ...* (Schweigt.)

US: *... dass Sie jetzt anders sind als vorher? Weil Sie anders aussehen?*

Stud: *Ja, ja. Das will ich nicht.*

US: *Darf ich Sie dazu auch etwas fragen, etwas Persönliches? Das mit der Semesterarbeit und Ihre Bedenken habe ich verstanden, Sie haben ein neues Thema. Alles gut!*

Stud: *Klar, fragen Sie!* (Lächelt.)

US: *Sie sagen, Sie »sehen« sich als Muslima. Sind Sie es?*

Stud: *Ja, schon. Ich habe ... also werde ... bin konvertiert ... oder so.*

US: *Hat man Ihnen denn nahegelegt, ein Kopftuch zu tragen? Soweit ich weiß, gibt es da gar keine klare Vorschrift. Ist das nicht eine Entscheidung, die Sie persönlich treffen? Ich bin da aber nicht weiter firm.*

Stud (denkt nach): *Ich komme mir ohne Kopftuch so irgendwie falsch vor.*

US: *Oh, »sich falsch fühlen«; schade – das ist ja keine schöne »Nebenwirkung« von so einem wichtigen Wechsel.*

Stud: *Hm.*

US: *Ich habe mal eine Doku über eine muslimische Modeschöpferin gesehen, die sehr modern und westlich eingestellt ist und dabei auch, wie sie sagte, sehr gläubig. Sie sagte in etwa: »Das Kopftuch gibt es in keiner Erwähnung der religiösen Texte. Es ist eine Erfindung. Genauso gut könnten sich Frauen auch ein paar Shorts über den Kopf ziehen.« Das habe ich mir gemerkt, weil die Aussage so besonders war. – Mögen Sie denn Ihr Kopftuch?*

Stud (lacht): *Ich will es halt zeigen, mehr ist es nicht für mich.*

US (lächelt): *So wie sich Ihre christlichen Mitstudentinnen vielleicht ein Kreuz an die Halskette hängen?*

Stud (lacht wieder): *Genau, ich will mich halt schon etwas outen.*

US: *Na ja.* (Pause, lächelt nachdenklich.) *Das tun Sie, klar. Doch wenn Sie sich dabei schwertun, warum nicht erst mal mit den neuen religiösen Inhalten umgehen und sich weiterentwickeln? So führt es zu Fragen nach dem Kopftuch, ob das religiös bzw. politisch ist usw. usw.*

Stud (lacht jetzt laut, erscheint aber gleichzeitig etwas schüchtern und erfreut): *Ach, Frau Schaub – Sie sind immer so hypergenau!*

Beweglich aus der Stabilität heraus: Sich etwas trauen

Eine besondere Herausforderung sind heute die sogenannten Bubbles: Bei der Vielzahl der Informationen, die zur Verfügung stehen, neigen viele Menschen dazu, nur die Informationen und Meinungen aufzunehmen, die ihrer eigenen Haltung oder ihrem eigenen sozialen Umfeld entsprechen. Sicherheit geht vor! Wenn wir aber nur mit Gleichgesinnten sprechen, dann entstehen »Blasen« von Wirklichkeit, abgeschlossene Kokons – und damit verbunden eine sehr beschränkte Sicht auf die Dinge.

Echte Stabilität kommt aus dem Gefühl, selbst etwas wert zu sein, auch wenn wir vielleicht hier und da nicht richtig liegen. Selbstsichere Menschen sind aus sich selbst heraus stabil und trauen sich in der Regel viel mehr als Menschen, die das Gefühl ihres Wertes davon abhängig machen, was andere denken oder wie andere sie bewerten. In den beiden folgenden Dialogen ist der Ansprechpartner gleich – das Selbstvertrauen des jungen Angestellten aber nicht. Im ersten Beispiel bleibt er in seiner Blase:

Die Weihnachtsfeier (1)

Stephen ist seit einem Dreivierteljahr bei der Brinx GmbH beschäftigt. Gerade hat er auf der Firmenweihnachtsfeier neben dem Buffet eine unerwartete Begegnung mit dem Geschäftsführer, Herrn Maier, der ihm freundlich zunickt. Stephen wird klar, dass viele der Feiernden ihn und den Chef im Blick haben. Es ist sein erstes informelles Gespräch mit ihm. Er will es richtig machen. Jedenfalls nicht falsch.

Stephen: *Eine schöne Feier!*
Herr Maier (freundlich): *Jaja, alle Jahre wieder.*
S (nickt, lächelt etwas angestrengt)
M: *Ist das Ihre erste Feier bei uns?*
S: *Ja, ich bin seit April hier. Im Marketing.*
M: *Ah. Und wie gefällt es Ihnen so bei uns?*
S: *Danke, gut. Es ist meine erste Stelle nach dem Examen.*

In dieser Version des Gesprächs versucht Stephen, den sicheren Boden nicht zu verlassen. Er fühlt sich unter Beobachtung und will kein Risiko eingehen: ein paar nette Worte mit dem Chef wechseln, bei ihm und den anderen halbwegs gut dastehen. Die Sicherheit ist für ihn wichtiger als die Möglichkeit einer echten Begegnung – weil er sich selbst nicht stark genug fühlt. Und das ist in seinem Karrierestadium auch erst einmal völlig verständlich und okay.

In der nächsten Version des Gesprächs ist die Ausgangssituation die gleiche: Stephen findet sich am Buffet neben dem Chef wieder. Doch seine innere Haltung ist eine andere: Stephen vertraut sich selbst und deshalb wagt er sich auch im Gespräch weiter hervor.

Die Weihnachtsfeier (2)

Stephen: *Herr Maier – Stephen Hörmann mein Name; ich arbeite im Marketing. Darf ich Sie etwas fragen?*
Herr Maier: *Hallo. Und klar, immer raus mit der Frage.*
S: *Es geht um die Betriebsversammlung in der vergangenen Woche.*
M: *Die Betriebsversammlung?!*

S: *Ja, ich weiß, wir sollen ja eigentlich feiern. Aber es gab da eben diese Meinungsverschiedenheit, und da …*
M (amüsiert): *Ach, Sie meinen den kleinen Schlagabtausch zwischen den Abteilungsleitungen?*
S: *Ganz ehrlich: Der hat mich überrascht.*
M (interessiert): *Weswegen?*
S: *Ich habe mich gefragt, ob das üblich ist.*
M: *Eigentlich nicht – zwischen den beiden schon.*
S: *Oh. Jetzt sollte ich wohl besser nicht weiterfragen.*
M: *Warum denn nicht?*
S: *Na ja, das hört sich nach einem verminten Gelände an.*
M: *Immer raus damit!*

Stephen fasst sich in dieser Version ein Herz – selbiges klopft vielleicht heftig, aber er traut sich: Er fühlt sich aus sich selbst heraus sicher genug, um etwas zu riskieren. Und der mögliche Ertrag – beim Chef positiv auffallen, etwas Neues erfahren, einen interessanten Austausch haben – ist so attraktiv, dass er sich traut, eine Frage auf Big-Talk-Niveau zu stellen. Sie sehen auch: Er verfolgt die oben beschriebene Strategie der kleinen, kleinen Schritte. ☺ Die Chancen stehen gut, dass Herr Maier Stephen im Gedächtnis behält. Und beide haben wahrscheinlich eine Begegnung, die sie interessant finden!

Ziehen wir eine Zwischenbilanz. Gespräche sind manchmal mühselig. Wenn wir die Dinge auch aus anderen Perspektiven sehen wollen, wenn wir lernen wollen, dann haben wir es oft schwer miteinander und fürchten uns sogar zuweilen – mit oder ohne das Zutun unserer Gesprächspartner. Es kostet uns also etwas, wenn wir uns offen und ohne großen Schutz auf andere Menschen, ihre Eigenarten, Schwierigkeiten und womöglich sehr anderen Haltungen einlassen. Damit wir die Anstrengung auf uns nehmen, ist es gut, wenn sie sich auf die ein oder andere Weise für uns lohnt: einfach, damit wir Lust auf sie bekommen. Um eine der wichtigsten Belohnungen geht es im nächsten Abschnitt.

Neugier – Neulust

Die Neugier ist einer der besten Anlässe für ein Gespräch und einer der Gründe, weshalb sich die Anstrengung lohnt. Noch schöner wäre der Begriff Neu*lust* – denn es geht ja um die Lust daran, Neues zu erfahren oder zu entwickeln. Neulustige lernen gern und haben Freude daran, Zugang zu mehr Wissen, zu mehr Erkenntnis und zu größeren Handlungsspielräumen zu bekommen.

Wenn wir in einem Gespräch etwas wirklich Interessantes erfahren wollen, dann riskieren wir etwas. Es kann schiefgehen, kontrovers zugehen, schwierig werden, uns an die Sicherheit gehen. Die Suche nach Erkenntnis braucht den Mut, uns Menschen gegenüber zu öffnen, die uns herausfordern oder die wir einfach schwierig finden. Genau hier kann die Neugier helfen.

Der US-Psychologe Todd B. Kashdan (Kashdan 2018) untersucht mit seinem Forscherteam die Neugier seit Jahren. Er weist nach, dass Neugier menschliche Nähe fördern, Aggression abmildern und das Verfolgen von Zielen fördern kann. Insgesamt unterscheidet Kashdan fünf Dimensionen von Neugier.[35] Für unser Thema sind vor allem diese drei Dimensionen spannend:

1. *Inhaltliche Neugier*: neues Wissen entdecken und neue Informationen erschließen wollen, gern lernen
2. *Soziale Neugier*: wissen wollen, was andere Menschen tun und denken – damit verbunden: Gespräche führen, zuhören und beobachten
3. *Stresstoleranz*: Bereitschaft, auf der Suche nach neuem Wissen Zweifel, Verwirrung, Unruhe und riskante Situationen auszuhalten

Kashdans Forschung zeigt: Wenn wir der Neugier, der Neulust Raum geben, dann steigt die Stresstoleranz. Die Lust am Neuen kitzelt das Belohnungszentrum. Die Freude am Lernen und Verstehen siegt über Angst und Unsicherheit. Genau das kann im Gespräch auf allen Ebenen passieren: im Small Talk ebenso wie im Personal Talk, im (nicht bösartigen!) Klatsch und im Big Talk, in dem der Inhalt im Vordergrund steht.

Bei zahlreichen gesellschaftlichen Veranstaltungen beobachten wir vor allem eines: eine gepflegte Langeweile. Menschen reden mit Menschen, die sie ohnehin schon kennen. Oder sie stehen unschlüssig beieinander. Oder sie tun nichts. Viele der Menschen, die wir im Coaching begleiten, fühlen sich in solchen Situationen unsicher oder sogar ängstlich: Sie wollen nichts falsch machen und sie fühlen sich nicht wohl. Der Schlüssel ist eine innere Haltung einer einfachen, kindlichen Neugier, die Fragen stellt. Nach unserer Erfahrung klappt das besonders gut mit drei Strategien.

1. Neulustige Fragen an mich selbst

(durch die sich häufig Ansprechpartner sowie Themen ganz von selbst ergeben)

Was interessiert mich hier gerade?
Womit will ich mich gerade beschäftigen?
Was könnte ich hier herausfinden?
Was haben wir gemeinsam?

2. Neulustige Fragen an andere

Diese Fragen richten sich nach den Antworten, die wir uns bei den Fragen unter 1. an uns selbst geben. Nachfolgend drei Beispiele für Big Talk, Small Talk und Personal Talk:

»Darf ich Sie/dich etwas fragen?« Nach dieser freundlichen Eingangsfrage das Einverständnis abwarten und dann zur eigentlichen Frage kommen:
»Sie haben eben in Ihrem Vortrag gesagt, dass … Würden Sie auch …?«
»Ich habe gerade die Suppe probiert – sie ist toll! Verraten Sie mir, wie Sie sie gewürzt haben?«
»Hast du eigentlich mit Holger über seine Bemerkung neulich gesprochen? Die Sache geht mir noch nach …«

3. Freude über (mögliches) neues Wissen ausdrücken und das Gespräch fortführen

»Oh, das klingt ja interessant.«
»Erzählen Sie mal!«
»Darüber wüsste ich gern mehr. Mögen Sie mir noch sagen, wie genau Sie …?«
»Spannend – das passt genau zu dem, was ich neulich über … gehört habe!«

Das kennen Sie, oder? Unsere eigene Angst oder Unsicherheit entsteht hier dadurch, dass wir aus dem Miteinander einer braven Schafherde ausscheren müssen, wenn wir Begegnungen im Gespräch schaffen wollen. Der Preis: eine enorme Vergeudung von Lebenszeit. Ändern können wir das nur, wenn wir bei uns selbst beginnen. Die Neugier ist ein wunderbar geeigneter Motor dazu: Denn immerhin sind wir, wenn wir gesellschaftliche Veranstaltungen besuchen, in einer Umgebung mit Menschen, denen wir sonst nicht täglich begegnen, zu einem Anlass, der sich nicht jede Woche wiederholt. Eine ideale Gelegenheit, um unsere Wissbegier spazieren gehen zu lassen.

Ganz nebenbei verblassen mit jedem kleinen Erfolg bei der Wissenssuche Angst und Unsicherheit. In der richtigen Portionierung wirkt sie bei unseren Gegenübern angenehm und wertschätzend: denn sie liefert ja eine gute Form von Aufmerksamkeit, die den anderen oder sein Wissen in den Mittelpunkt rückt. Das untermauert die Neurobiologie: Eine Studie der Harvard-Universität zeigt, dass das Reden über die eigene Person oder über eigene Inhalte deutlich das neuronale Belohnungszentrum aktiviert.

Und ganz nebenbei macht das von Neugier geprägte Gespräch sehr, sehr oft …

- unseren Horizont weiter *(»Wow, das wusste ich nicht!«)*,
- unsere Haltung toleranter *(»Was es so alles gibt auf der Welt!«)*,
- unser Gegenüber sympathischer (ähnliche Interessen verbinden!)
- und das Gespräch freier und menschlich verbundener *(»Dabei fällt mir ein …«; »Aber ehrlich gesagt, habe ich ganz lange gar nicht …«)*.

Lust am Wissen und leise Vorsicht

Introvertierte Persönlichkeiten haben ein besonders aktives Vorsichtszentrum: Neues und Fremdes wird leichter als bedrohlich wahrgenommen, Unbekanntes und plötzliche Überraschungen stressen besonders stark. Wenn noch Schüchternheit hinzukommt, ist auch die Angst vor sozialer Bewertung deutlich spürbar.[36]

»Was zählt ist, ob man bereit ist, selbstständig zu denken und zu sagen, was man denkt. [...] Mut ist das wichtigste«, gibt Zeldin (1999, S. 25) den leisen, schweigsamen, introvertierten Menschen für ihre Gespräche mit auf den Weg.

Hier hilft die Neugier. Menschen, die vom Steuerungsmechanismus der Balance oder der Harmonie geprägt sind und deshalb besonders zur Vorsicht neigen, sind gleichzeitig oft auf der Suche nach Sinn und tieferen Erkenntnissen und Begegnungen. Sie können sich auch besonders gut auf das konzentrieren, was ihnen wichtig ist (vgl. Häusel 2014, S. 55 f., Löhken 2014, S. 45 f.). Die folgenden Tipps nützen speziell leisen und zurückhaltenden Menschen.

- Überstimulation: Sind Sie leicht angestrengt, wenn Gespräche sehr schnell sind oder Sie unter starken Druck setzen? Nutzen Sie die Hinweise im zweiten und dritten Kapitel, um innerlich zur Ruhe zu finden und sich wohlzufühlen.
- Setzen Sie auf Beobachtung und Zuhören. Die Umgebung bewusst wahrnehmen und die Eindrücke verarbeiten: Das ist eine leise Stärke. Diese können Sie wunderbar nutzen, um freundlich Kontakte aufzubauen. Blicken Sie auf einer Feier mit lauter Unbekannten freundlich umher, und überlegen Sie, was Sie gerade spannend finden: die Kleidung der anderen Gäste? Die Musikauswahl? Wer mit wem zusammensteht? Nehmen Sie aufmerksam wahr, was Sie interessiert. Das richtet Ihre Haltung und Ihre Energie nach außen (inklusive freundlichem Blick!), und Sie bleiben gleichzeitig bei sich.
- Reflektieren Sie Ihre innere Haltung – und wählen Sie eine, hinter der Sie gut stehen können. Viele Leise machen sich Sorgen darüber, ob sie im Gespräch auch interessant genug sind. Das führt zu inneren Monologen und Haltungen, die selbstkritisch sind. Für Begegnungen ist es besser, wenn wir uns auf das Positive, das Wissenswerte besinnen, auf das, was sein darf. Hier einige Vorschläge:
  - Ich darf so sein, wie ich bin – und mein Gegenüber auch.
  - Ich bin freundlich an anderen interessiert.
  - Wenn ich das Gespräch nicht mag, kann ich jederzeit das Thema wechseln oder den Austausch beenden und weitergehen.

Ihre innere Haltung ist viel wichtiger als alle äußeren Verhaltensstrategien und -regeln. Sie schafft innere und dann auch äußere Realitäten. Mit Haltungen wie den genannten nehmen andere Menschen Ihre Signale als positiv wahr; sehr oft entstehen gute Begegnungen. Auch die Einordnung von Informationen und die Beziehung zum Gesprächspartner gelingen mit einer entsprechenden inneren Haltung leichter.

Die innere Haltung hält uns, damit wir bei uns selbst bleiben können.

Und noch einmal, weil es so wichtig ist: Niemand zwingt uns, trotz Unbehagen mit einer Person im Gespräch zu bleiben. Wir dürfen jederzeit freundlich und gelassen gehen!

Mut zu Spontaneität

Unter »Spontaneität« lässt sich all das zusammenfassen, was wir (für unseren Zweck natürlich im Gespräch) impulsiv tun, ohne viel nachzudenken. Die Grundlage des Tuns sind meistens unser Gefühlsbereich und unsere Intuition, sozusagen ein Livegefühl für das, was in diesem Moment passiert und ansteht. Deshalb ist die beste Umschreibung für Spontaneität auch: etwas aus dem Bauch heraus tun. Spontaneität hat etwas Spielerisches, weil sie frei und kreativ ist – und weil sie im Gespräch oft für neue Wendungen sorgen kann. Das macht das Gespräch zu einem schöpferischen Akt.

Am einfachsten entwickeln Sie Ihre Spontaneität im Gespräch, indem Sie wie im Improvisationstheater kommunizieren. Dort lautet die Regel: Immer zu allem Ja sagen! Die Improvisation gelingt, wenn wir das Handeln unseres Gegenübers nicht bewerten, sondern zum Ausgangspunkt unseres eigenen Tuns machen. Wenn eine Frau mir eine Rose überreicht, mache ich etwas mit der Rose. Wenn ich ein Kompliment bekomme, baue ich eine Geschichte darauf auf.

Es erfordert Mut, sich Spontaneität zu erlauben: gerade weil wir damit die Grenzen harmloser Konventionen überschreiten. Die Spontaneität hat den Charme, aber auch das Risiko des Unkalkulierbaren. Das, was plötzlich passiert, kann schließlich Grenzen überschreiten oder Regeln brechen – wer weiß? In den meisten Fällen ist es aber ungefährlich, wenn wir uns spontane Worte erlauben. Entweder freuen sich unsere Gesprächspartnerinnen und -partner und machen mit. Dann wird es schön. Oder sie machen nicht viel und bleiben achselzuckend passiv. Dann geht die Welt auch nicht unter. Oder sie werden schwierig. Dazu haben Sie in diesem Abschnitt einige Ideen bekommen und können an ihnen üben. ☺

Das nachfolgende Gespräch zeigt einen positiven Fall. Ein fröhlicher Zugbegleiter ermöglicht mit einem spontanen Ausruf eine Begegnung zwischen völlig Fremden. Die beginnt auf der Ebene des Small Talks, entwickelt sich dann aber schnell weiter zum Personal Talk. Und ja, nach den ersten Sätzen des jungen Bahnangestellten hätte das Gespräch auch sehr gut scheitern können ... Doch in diesem Beispiel erlauben es sich auch andere Beteiligte, spontan zu sein.

Verschieden und doch gleich – eine Begegnung im Zug

Sylvia ist im ICE von Ostdeutschland zurück nach Bonn unterwegs. Vor ihr sitzen an einem Tisch drei Frauen, die sich ausgezeichnet amüsieren und viel lachen. Links von ihr, auf der anderen Seite des Ganges, sitzt ein älterer Manager. Zwei Reihen hinter den beiden sitzt – auf der Seite des Managers – eine junge Frau. Später kommt ein Zugbegleiter hinzu.

Manager (hustet)
Sylvia: *Darf ich Ihnen eine Halstablette anbieten?*
M: *Oh, gern!* (Nimmt Tablette an.) *Hm, die tut gut. Danke!*
S: *Ich habe immer eine Notration dabei ...*
M: *Gute Idee! Bei mir geht es gerade los mit dem Elend; ich habe mich angesteckt ...* (Hustet wieder.)
Zugbegleiter (bei den lustigen Frauen): *Die Fahrkarten, bitte ... Oh, bei Ihnen ist es ja ganz anders als sonst in der 1. Klasse. Sie lachen ja richtig!*
Frauen: *Tja, hier ist eben was los!* (Lachen fröhlich.) *Was machen denn die anderen so?*
Z: *Och, das Übliche. Telefonieren, in die Tasten hauen, furchtbar ernst aussehen. Sooo ernst. Langweilig!* (Lacht und geht weiter nach vorn, in die Reihe von S und M.)
M: *Ich gucke nur so ernst, weil ich erkältet bin!*

Z: *Wirklich?*

M: *Doch, wirklich, ich bin sonst ganz anders.*

S: *Ich auch!*

Junge Frau: *Ich auch!*

Z: *Super hier! Aber vielleicht werde ich ja auch mal so'n ernster Heinzel.*

S: *Wieso?*

Z: *Ich studiere noch. Wirtschaftswissenschaften. Und wenn ich erst mal einen Job in einem Büro habe, dann hört der Spaß auf.*

JF: *Ich studiere auch noch. Aber ich arbeite zum Geldverdienen schon in Büros – in einer Beratung.*

Z: *Hey, cool. Bestimmt ein besserer Lohn als auf den Schienen … Wann sind Sie denn fertig?*

JF: *In drei Monaten.*

Z: *Wow! Ich brauche noch mindestens ein Jahr.*

M: *Dafür lernen Sie in den Zügen lauter nette Leute kennen.*

Z: *Das stimmt! Aber meistens ist es nicht so nett wie hier gerade.* (Lacht.)

Es entspinnt sich ein lustiges Gespräch zwischen dem Manager, Sylvia, dem Zugbegleiter und der jungen Frau, wobei sich allmählich eine Zweierkonstellation ergibt. Die junge Frau und der Zugbegleiter sind sichtlich angetan voneinander. Er setzt sich auf die andere Seite des Ganges zu ihr – nachdem er zahlreiche kleine Schokoladentafeln geholt und unter seinen neuen Lieblingspassagieren verteilt hat. Das Gespräch wird leiser, bleibt aber sehr lebendig. Dann steuert der ICE auf Frankfurt am Main Hauptbahnhof zu.

Junge Frau: *Ach je, ich muss hier aussteigen.*

Zugbegleiter: *Moment, ich helfe dir mit dem Koffer.*

JF: *Oh, danke!* (Zieht sich den Mantel über.)

Z: *Kein Problem. Ich bringe ihn noch zur Tür.*

(JF und Z verlassen den Wagen.)

Manager: *Ich glaube, die verstehen sich.*

Sylvia: *Ich frage mich gerade, ob das etwas mit der Halstablette zu tun hat oder nicht.*

M: *Klar! Alles hat mit allem zu tun. Haben Sie noch eine?* (Hustet.)

Tom Peters, Soundspektrum – Seeufer, Kohle, 2016

Tom Peters, Paar mit Hund, Aquarell, 2017

6. Von der Distanz zur gemeinsamen Sprache

und setzte Wort für Wort
wie Schritte nacheinander
wie Steine aufeinander
wie man ein Echo baut
Tom Peters (2016)

Gemeinsam Sprechen schafft Verstehen.
Gemeinsames Verstehen schafft gelingendes Leben.
Wir sprechen auch, wenn wir schweigen.
Unterwegs zur gemeinsamen Sprache werden wir einander zu Spiegeln unserer eigenen Absichten und Wirkungen.
Wir sind also auf gemeinsame Sprache hin angelegt. Weil wir uns ohne den anderen nicht selbst sehen können.

Eine Vision

Der Sinn des Lebens? Ganz einfach: Zusammenhalt.[37] Dahinter steht die Erkenntnis, dass unser Dasein in Geschichte, Gegenwart und Zukunft nur dann funktioniert und gelingen wird, wenn wir es miteinander zu meistern versuchen. Schon in der Natur gilt: *Allein* agieren geht auf Dauer schief, führt in ökologische, soziale oder geistige Sackgassen.

Wir laufen Gefahr, uns selbst einzuzäunen und als »Außen« zu definieren. Wir reden dann vermeintlich Kluges über die Welt, letztlich aber nur über uns selbst. Es geht also um Zusammenhalt, um Miteinander, auch in der Sprache. Das ist leicht verstanden und gesagt. Im ersten Kapitel haben Sie bereits erfahren, wie sehr uns diese grundsätzliche Fähigkeit zu Menschen macht (Corssen und Tramitz 2014, S. 96, 116).

Nur: Zusammenhalt und Miteinander klingen zwar toll, sind aber, vorsichtig gesagt, im Alltag nicht die Regel. Wie lässt sich eine gemeinsame Sprache in unseren Gesprächen, in unseren Begegnungen herstellen? Und bedeutet das überhaupt, dass wir alle das Gleiche denken und sagen müssen?

In diesem Kapitel machen wir uns auf die Suche nach der Fähigkeit, uns über die Sprache zu verbinden. Anders als im vierten Kapitel geht es dabei um mehr als einen Perspektivenwechsel: Darauf aufbauend steht hier im Mittelpunkt, wie wir uns in unser Gegenüber hineinversetzen und ihm Raum geben können – rein strategisch mit sprachlichen Mitteln, aber auch von innen heraus mit unserer Haltung.

Und das heißt zunächst einmal: eine Haltung der Offenheit einnehmen. Sich darauf einstellen und aushalten wollen, dass mein Gegenüber vielleicht etwas ganz anderes fühlt, denkt und sagt als ich. Unser erstes Ziel also: es durch Offenheit und Nichtbewerten ermöglichen, dass unser Gegenüber sich traut, sich Raum zu nehmen. Das ist die Grundbedingung für den nächsten Schritt gemeinsamer Sprache: Resonanz.

Wie in den Kapiteln zuvor führt die Reise durch viele verschiedene Begegnungen in Gesprächen hin zu praktischen Tools, die Sie leicht einüben und ebenso leicht in Ihren persönlichen Kontexten anwenden können.

Die Freiheit des Grundgesetzes (1)

Die Schiebetür des fast leeren Abteils im ICE nach Hamburg öffnet sich. »Hallo«, tönt es mit freundlicher Stimme. »Dürfen wir uns auf einen Moment zu Ihnen setzen?« Die Pfarrerin hat gerade Zeit und Lust auf ein Gespräch. Sie bietet etwas von ihrem Tee an. Die neu Hinzugekommenen, Zeugen Jehovas, kommen recht schnell zur Sache, als sie merken, dass ihre Gesprächspartnerin eine theologisch Bewanderte ist. Sie haben eine besondere Form der Bibelauslegung, ziemlich wörtlich, und versuchen, die Pfarrerin von ihrer Erwählungslehre zu überzeugen. »Sogar das Grundgesetz ist auf unserer Seite«, versuchen sie ihr Glück. »Darin ist die Freiheit des Bekenntnisses und der persönlichen Meinung festgeschrieben.« Die Pfarrerin hat eine andere Vorstellung von Glauben und Freiheit. Aber sie lenkt verständnisvoll ein: »Ja, natürlich, das ist einer der wichtigsten Paragrafen unserer gesellschaftlichen Ordnung.« Und sie fügt hinzu: »Dann verstehen Sie sicher auch, dass das Grundgesetz heute die Verbindungen von Lesben und Schwulen unter den Schutz des Staates stellt, in gleicher Weise wie die Ehe von Frau und Mann.« Die Zeugen rutschen nervös auf ihren Sitzen herum. »Wenn schon Grundgesetz, dann für die *ganze* Gemeinschaft. Was meinen Sie?«

Die Pfarrerin schafft in dieser Geschichte etwas Besonderes: Sie lässt ihren Gesprächspartnern Raum, um ihre Meinung auszudrücken und sich auf das Recht zu berufen. Und sie nimmt sie ernst, indem sie sie beim Wort nimmt. Gleichzeitig baut sie mit ihrer Freundlichkeit und ihrer Nachfrage über ihre Sprache eine Brücke. Ob die beiden Zeugen Jehovas diese Brücke begehen, ist eine andere Frage. Wir sind aber sicher: Ohne Brücken wird es viel schwerer mit der Verständigung zwischen Menschen, die sehr verschiedene Meinungen haben.

Beginnen wir am anderen Ende der Brücke: bei unseren Gesprächspartnern.

Ich spüre, wie es dir geht – und mir

Kindergartenkinder im dritten und vierten Lebensjahr. Gruppenstunde. Wie die meisten ihrer Altersgenossen machen sie folgendes Experiment gern mit: Die Erzieherin zeigt einen Stift (oder einen vergleichbaren Gegenstand), der gleich versteckt werden wird. Das Kind, das ihn dann suchen soll, muss während des Versteckens kurz den Raum verlassen.

Dann nimmt die Erzieherin eine leere Pralinenschachtel oder einen vergleichbaren Behälter und legt den Stift dort hinein. Fragen Sie die anwesenden Kinder, wo das draußen wartende Kind wohl gleich suchen werde, werden sie Ihnen antworten: »Ist doch klar – in der Pralinenschachtel natürlich!« Die Erklärung: Drei- bis vierjährige Kinder können sich in der Regel noch nicht in die Perspektive einer anderen Person hineinversetzen. Stattdessen schließen sie von sich selbst auf ihre Mitmenschen: Wenn sie wissen, wo der Stift ist, müssen es die anderen doch auch wissen! – Im Laufe ihrer Entwicklung kommt diese Fähigkeit dann hinzu.

Es gibt eine Situation, in der wir Erwachsene leicht auf diesen Entwicklungsstand zurückfallen: wenn wir in der Begegnung mit anderen unter Stress geraten. Im Zustand der Überlastung zieht sich unser Hirn auf sich selbst zurück. Die Energie wird in das investiert, was wir intuitiv für das Sicherste halten. Und das bedeutet: bei uns selbst und unserer Position bleiben. Stress wirft uns auf uns selbst zurück. Das hat seinen Preis: Wir sind dann unfähig, vom anderen her zu denken und zu fühlen.[38]

Unter Stress schließen wir uns leicht in unsere eigene Perspektive ein – und verweigern Resonanz.

Aber: Wir können uns dieses Stressprogramm bewusst machen und unsere Sprache ebenso wie unser Handeln entsprechend anpassen. Der Stress und seine Folgen lassen sich überwinden, indem wir ihn als solchen wahrnehmen – und dann dem Gegenüber bewusst Raum geben. Wie das geht und wie Sie dabei mit Ihrer Unsicherheit umgehen: Das haben Sie im letzten Kapitel bereits erfahren.

Die Freiheit des Grundgesetzes (2)

Der erste Zeuge Jehovas atmet tief ein. »Also, was Homosexuelle angeht, da gibt es ja auch noch andere Meinungen, das darf man ja auch sagen. Dass da, also, dass da auch eine Krankheit …« Er hält inne. Seine Begleiterin hat ebenfalls durchgeatmet. Sie spürt seinen Stress und springt für ihn ein: »Aber davon unabhängig haben Sie natürlich recht. Das Grundgesetz muss für alle gelten. Sonst macht es ja keinen Sinn.«

In seinem Buch *Argumentieren unter Stress* nennt Albert Thiele (2016, S. 39f. und 56f.) verschiedene Wege, die den Rückfall auf diese trügerische Trutzburg der eigenen Perspektive verhindern und Offenheit in Stresssituationen sicherstellen können:

- eine offene und positive innere Haltung
- innere Gelassenheit
- eine gezielte Vorbereitung auf Stresssituationen
- ein natürliches und ehrliches Auftreten
- persönliche Autorität aufgrund echter Kompetenz
- eine gute Gesamtverfassung
- ein sicherer Stand, verbunden mit einer einladenden Gestik
- eine optimale Präsenz im Raum

All diese Fähigkeiten sind für Thiele immer wieder neu zu trainieren und in den Begegnungen mit anderen anzuwenden. Das hat gleich mehrere Vorteile: Wir fühlen uns selbst besser; den Menschen um uns herum geht es mit uns besser – und wenn es wirklich einmal zu einer Stresssituation kommt, dann können wir den Blick auf den anderen auch unter Druck beibehalten (Buber 1979, S. 12; Corssen und Tramitz 2014, S. 133).

Empathie lässt sich lernen

Empathie beginnt mit der Kunst, zugunsten Ihres Gegenübers von sich selbst abzusehen (Rogers 1973, S. 51ff.). Fragen Sie sich während Ihres nächsten Gesprächs zwischendurch selbst: Soll ich jetzt von mir erzählen oder lieber noch einmal nachfragen? Sodass mein Gegenüber seine Anliegen noch besser vertiefen kann? Allein dieses Überlegen, diese Selbstzurücknahme Ihrerseits, schafft schon neue Räume – und vergrößert vor allem den Bereich Ihres Gegenübers. Das wird fast immer sehr gern angenommen. Wer von uns freut sich denn nicht, wenn er oder sie erwünscht ist und vorkommen darf? Ein schöner Gesprächsförderer ist zum Beispiel die Aufforderung: »Das hört sich ja interessant an. Erzählen Sie mal …«

Kneipenabend

Sergios Freund Tim ist gerade für sein Masterstudium nach Köln gekommen. Sergio nimmt ihn mit zu seinem Kneipenabend mit seinen Handballfreunden. Ihnen gegenüber sitzen Moses aus Uganda und Finn aus Norwegen.

Sergio: *Tim wollte eigentlich nach München, aber kein Mensch kann da eine Wohnung bezahlen.*

Moses: *Ach, komm, Köln ist sowieso cooler. Nicht so gelackt.*

Finn: *Genau.*

Tim: *Na ja, richtig günstig ist es hier auch nicht. Ich muss für ein paar Wochen Couchsurfen.*

M: *Couchsurfen? Was ist das denn?*

T: *Na ja, das ist so ein Netzwerk für Leute, die sich gegenseitig bei sich übernachten lassen. Oder sich die Stadt zeigen.*

F: *Hey, das ist ja interessant. Und das geht einfach so?*

T: *Ja, du kannst dich auf der Website registrieren. Es ist auch lustig, Gäste aus der ganzen Welt zu haben. Als ich noch in Münster studiert habe, hatte ich mal einen Japaner zu Gast, der konnte das beste Sushi der Welt machen. Er fand nur den Fisch vom Wochenmarkt nicht so toll.*

F: *Hm, das hört sich toll an. Mein Mitbewohner will Französisch lernen.*

Sie sehen: Das Interesse von Finn und Moses lässt Tim wie von selbst in die Runde kommen. Die Chancen stehen gut, dass die vier Studenten auch weiterhin Gesprächsstoff haben – womöglich sogar auf Big-Talk-Niveau, wenn es um Voraussetzungen für Gastfreundschaft geht oder um die Rahmenbedingungen für nichtkommerzielle Übernachtungen.[39]

Denken Sie beim Nachfragen und Zuhören auch an die Kunst der Pause. Schaffen Sie kleine Ruhephasen der Sprache und des Denkens, in denen das soeben Gesagte einfach stehen bleiben darf. So schaffen Sie zusätzlichen Raum und geben dem Gespräch eine Weite, die für alle Beteiligten angenehm ist.

Was brauche ich?

Ganz wichtig: Auch wir selbst dürfen vorkommen. Manchmal ist das unserem Gegenüber nur nicht bewusst. Deshalb gehört zur Überwindung der Distanz nicht nur, dem Gegenüber Raum zu lassen. Wir können und sollen auch selbst Raum einnehmen. Es soll ja schließlich ein Dialog sein, dieses Gespräch.

Wenn Sie Ihr Bedürfnis formulieren, machen Sie sich Ihrem Gegenüber verständlich. Durch die Bitte werden Sie menschlich nahbarer. Die einfache Frage »Würde es für Sie passen, dass ...?« öffnet auf natürliche Weise leicht Türen (und Ohren!) für Sie.

Auch Wünsche wirken Wunder: »Ich wünsche mir ...« oder »Ich würde mich sehr freuen, wenn Sie ... (mich vorlassen könnten, denn meiner Tochter geht es gar nicht gut)«. Mit einem Wunsch signalisieren wir Interesse an Beziehung. Gleichzeitig ermächtigen wir unser Gegenüber zu einer Handlung, deren erfolgreiche Erfüllung wir ihm zutrauen. In verschiedenen Studien hat sich gut zeigen lassen: Menschen, die anderen Menschen einen Wunsch erfüllen, finden diese interessanterweise sympathisch und angenehm. Ein idealer Ausgangspunkt für eine nette Begegnung also. Versuchen Sie es!

Sprachtools für gelingende Gespräche

Eine gut gewählte Sprache ist in Gesprächen wie ein gutes Backtriebmittel im Hefezopf. Formulierungen und Sprachstrategien, die ein tatsächliches Miteinanderreden ermöglichen, lassen das Gespräch in eine Beziehung »aufgehen«. Aufmerksamkeit, Neugier, Interesse, Nähe und Freundlichkeit sind der Lohn, wenn wir die Zutaten gut wählen. Und Sie werden schnell merken: Es ist gar nicht schwer, sich ein kleines Repertoire dieser sprachlichen Backtriebmittel anzueignen. Probieren Sie die folgenden Rezepturen einmal aus.

Die wertschätzende Rückmeldung

»Das beeindruckt mich, was Sie da sagen. Ich halte es für den bisher wichtigsten Punkt unserer Unterhaltung.«

Durch Ihr Lob intensivieren Sie Ihre bereits positive Verbindung zu Ihrem Gegenüber. Echtes Lob tut einfach gut! Es gibt uns die Sicherheit, akzeptiert und von einer guten Seite gesehen zu werden. (Das Wort »bisher« signalisiert zusätzlich: Ich sehe hier noch neue Räume für uns beide. Und ich habe Lust, sie zusammen mit Ihnen zu entdecken.)

Der aufbauende Einwand

»Ich sehe Ihren Punkt. Und ich teile ihn auch. Gleichzeitig kommt mir folgender Gedanke: … [An dieser Stelle bringen Sie Ihre alternative Perspektive ein.] *Was halten Sie davon?«*

Hier geschieht zweierlei. Ihre Kritik vernichtet nicht. Denn Sie nehmen Ihr Gegenüber ernst. Und ernst genommen werden: Das möchten wir alle. Darüber hinaus wird Ihr Sprechen im Folgenden zu einer Einladung, sich nun mit *Ihren* Sichtweisen zu beschäftigen. Wenn wir eingeladen werden, fühlen wir uns wohler, als wenn man uns aus gespielter Überlegenheit einfach widerspricht und damit abwertet. Meiden Sie deshalb auch die berühmten Ja-aber-Konstruktionen.

Die ermutigende Nachfrage

»Ich glaube, ich habe dich in diesem Punkt noch nicht richtig verstanden. Könntest du es mir bitte noch einmal erklären?«

Es ist offensichtlich, dass Sie hier nicht begeistert zustimmen. Aber Sie lassen Ihre Zweifel oder vorläufige Ablehnung im Hintergrund und geben Ihrem Gegenüber eine zweite Chance, seine Haltung zu erläutern. Verstanden zu werden: Das ist ein Primärbedürfnis. Auch für Sie selbst ist diese Nachfrage übrigens eine Chance: Denn es kann ja sein, dass Sie Ihr Gegenüber nicht richtig verstanden haben, weil Sie nicht richtig hingehört haben oder zu sehr mit Ihren eigenen Glaubenssätzen beschäftigt waren. Ganz allgemein gilt: Eine respektvolle Nachfrage ist für ein gutes Gespräch wertvoll – und allemal besser als eine vorschnell artikulierte Ablehnung oder gar Abwertung. Und wenn Sie zuhören oder das Gehörte umschreiben, dann heißen Sie es nicht automatisch gut: Sie vollziehen es nur nach.

Interesse bekunden – die Aufforderung

»Das ist ja interessant. Erzählen Sie mal …«

Dies ist die einfachere Form der befördernden Wertschätzung, die Sie unter anderem vom Kneipengespräch oben bereits kennen. Sie geben klar zu verstehen, dass Sie an der Weiterführung des Gesprächs interessiert sind. Meistens stößt diese Aufforderung auf eine richtig gute Resonanz.

Die Frage nach den Zielen

»Sagen Sie: Worauf wollen Sie die Strategie konkret ausrichten? Was schwebt Ihnen da vor?«

Mit dieser Fragetechnik zeigen Sie echtes Interesse. Sie geben Ihrem Gegenüber Wertschätzung. Außerdem vermeiden Sie offene Zweifel. Ihr Gegenüber wird Ihr Angebot sicher als Chance verstehen, die eigenen Anliegen nun um so überzeugender darzustellen.

Gefühle offen ansprechen

»Mir ist gar nicht wohl bei dem, was Sie da sagen. Es erinnert mich an …«
Oder: *»Sie sehen recht bedrückt aus. Stimmt etwas nicht?«*

Mit diesen Formulierungen vertiefen Sie die Sachebene Ihrer Unterhaltung um die Ebene Ihrer Gefühlslage. Diese kann bei den Gesprächspartnern ziemlich unterschiedlich sein. Die Frage nach dem Befinden des anderen vertieft die Qualität unserer Beziehung. Wird sie auf Augenhöhe gestellt und ebenso beantwortet, verstärkt sich die Nähe aller Beteiligten zueinander.

Wenn ich meine eigenen Gefühle mitteile, dann gebe ich meinem Gegenüber einen Vertrauensvorschuss – eine ideale Währung für alle Gesprächsformen. Diese Offenheit kann mein Gegenüber oder mich selbst aus Ängsten herausholen und uns in eine gelingende Begegnung bringen (siehe dazu Kapitel 5 und Rogers 2013, S. 63 ff.).

Wirkung jenseits der Worte: Körpersprache

Neben dem, was wir denken und sagen, spielt die Sprache unseres Körpers, verbunden mit der Wirkung unserer Stimme, eine zentrale Rolle. Körper und Stimme können unterstützend oder hemmend wirken in Bezug auf das, was wir unserem Gegenüber mitteilen wollen.[40]

Bemühen Sie sich um eine klare, freundliche, gut sitzende Stimme. Versuchen Sie, Ihre Gedanken mit Ihren Gesten zu unterstützen. Wenden Sie sich Ihrem Gegenüber offen zu. Erschließen Sie zugleich die Stimmung, die von der Haltung des anderen ausgeht. Beachten Sie Ihren Redeanteil. Sorgen Sie für genügend Raum, bei sich selbst und bei den anderen. Überlassen Sie Ihrem Gegenüber grundsätzlich etwas mehr Raum als sich selbst. Das wirkt nicht nur entspannend, sondern befördert auch Ihre persönliche Souveränität und damit Ihre Überzeugungskraft. Bemühen Sie sich um Pausen. Antworten Sie nicht gleich, auch wenn Sie es unbedingt wollen. Das ist das Tor zur Freiheit, in der wir unsere Räume miteinander entfalten können, ohne Gefahr zu laufen, uns selbst oder die anderen aufzugeben.

Die Körpersprache unseres Gegenübers ist meistens ein sicherer Anzeiger für das, was wir gerade bei ihm bewirkt haben. Körpersprache *lesen* kann man üben. Gesichter deuten, Gesten interpretieren, das lässt sich leicht trainieren: im richtigen Leben oder mithilfe der in der letzten Anmerkung empfohlenen Bücher.

Körpersprache *sprechen* geht zwar vor dem Spiegel, am besten aber im Team. Es lohnt sich, einen Workshop zu besuchen und – in einem geschützten Raum mit guten Trainerinnen und Trainern – mit anderen gemeinsam zu experimentieren. So können Sie gut prüfen, ob Sie jeweils so ankommen, wie es Ihren Absichten entspricht. Neben aller darstellerischen Arbeit lohnt sich in jedem Fall ein Blick nach innen: auf unsere inneren Haltungen, unsere Glaubenssätze. Sie prägen unsere körpersprachlichen Signale immens. Die bewussten findet man leicht, die unbewussten lassen sich im Coaching oder in einem guten Seminar herausfinden und gegebenenfalls verändern.

Damit haben Sie zwei Ansatzpunkte für Ihre Wirkung jenseits der Worte, und eine Erkenntnis, die sehr alt ist: Mit Ihrem Körper beeinflussen Sie Ihren Geist. Und mit Ihrem Geist beeinflussen Sie Ihren Körper. Und mit beiden gestalten Sie Ihre Wirkung.

Es sind immer wir selbst!

Dies ist wohl der unbequemste Abschnitt dieses Kapitels. Denn wir diskutieren hier die vielleicht steilste These des Phänomens *Begegnung im Gespräch*:

> **Das, was mir von anderen entgegenkommt, löse ich selbst aus. Gefällt es mir nicht, so kann ich es stets verwandeln.**

»Moment mal!«, werden Sie vielleicht entgegnen. »Was kann *ich* denn dafür, dass der andere dies ist, das denkt oder jenes macht?« Jetzt wird es noch steiler: Alles, was Sie für »dies, das und jenes« einsetzen – das sind (und dürfen sein!) Ihre persönlichen Ängste, Vorbehalte, Irritationen, bewusst oder unbewusst verdrängte Fragen, für die Antworten gefunden werden müssen – manchmal auch Fragen, die uns das Leben selbst stellt, die Zeit brauchen, Räume, Stille oder auch die vertraute Anwesenheit einer Freundin oder eines Partners.

Nicht alles klappt beim ersten Mal. Aber dass Sie auf dem richtigen Weg zu einer Begegnung mit gemeinsamer Sprache sind, merken Sie an folgendem Umstand: Ihr Gegenüber ist Ihnen nicht egal, auch wenn die Kommunikation im Moment unterbrochen scheint, zum Beispiel weil Sie sich angegriffen oder übergangen fühlen. Seien Sie sicher: Es liegt in *Ihrem* Handlungsspielraum, die Worte Ihres Gegenübers zu interpretieren, bevor Sie in die Reaktion gehen. Und damit liegt die Reaktion selbst in Ihrem Handlungsspielraum. Sie gestalten also die Bedeutung der Worte, die Ihr Gegenüber an Sie richtet. Und selbst wenn eine an Sie gerichtete Äußerung verletzend wirkt: Es liegt an *Ihnen*, ob Sie den Handschuh in gleicher Weise aufnehmen oder ob Sie nach dem Menschen suchen, der sich im Moment hinter dieser Verhaltensweise verbirgt (übrigens meist unbewusst!). Der Mensch, den Sie vielleicht finden, ist der Mensch, der Ihnen gegenüber anders gehandelt hätte – wenn es ihm möglich gewesen wäre (Buber 1979, S. 19; Corssen und Tramitz 2014, S. 19).

Wenn wir so vorgehen, tun wir dabei auch uns selbst etwas Gutes. In der gleichen Weise, in der wir unseren Mitmenschen Raum geben, anstatt sie auf ihre Worte vordergründig festzulegen, geben auch wir unseren eigenen Hintergründen Raum (Bieri 2001, S. 19).

Es gibt eine Grenze für den Moment – Abstand!

»Moment! Und wenn mir mein Gegenüber gefährlich wird?« Wenn das passiert, dann weichen Sie aus. Ziehen Sie eine verbale Grenze, und bringen Sie sich dadurch zunächst in die Sicherheit, die Sie für den Moment brauchen. Wenn es gar nicht anders geht: Ziehen Sie auch eine räumliche Grenze. Verlassen Sie Ihr Gegenüber! Planen Sie aus der geschützten Distanz eine neue Annäherung, wenn Sie sich dies wünschen sollten. Aber nicht heute. Lassen Sie ein paar Tage verstreichen. Und, bitte: Tauschen Sie sich aus! Machen Sie nichts dergleichen im Alleingang. So lernen Sie zu handeln und sich gleichzeitig von Ihrer Innenperspektive so weit zu lösen, dass Sie den Überblick über die Räume und Grenzen Ihrer Verantwortlichkeit behalten.

Ja, es stimmt: Wir Menschen arbeiten uns manchmal ganz schön aneinander ab. Aber genau das ist auch eine unserer wichtigsten Lebensaufgaben. Weil wir alle verantwortlich füreinander sind. Und weil wir in der Konfrontation instinktiv spüren, dass uns unser Gegenüber nicht gleichgültig ist. Es ist zwar anstrengend, aber allemal besser als die Haltung: »Ich bin fertig mit dir.«[41]

Unterwegs zur eigenen Haltung: Das Buffet

Die Strategien, die jetzt folgen, sind als eine Art Buffet gedacht. Bedienen Sie sich: Es sind Möglichkeiten, unseren Glaubenssätzen und unserem Selbstverständnis auf die Spur zu kommen.

Dankbar sein

Zutaten: zehn Dinge, für die Sie von Herzen dankbar sind (fünf davon sollten nicht ausschließlich mit Ihrer Person zu tun haben).

Zubereitung: Schreiben Sie diese auf einen Zettel und hängen Sie ihn an Ihr Bett (oder in Ihren Spiegelschrank im Bad). Lesen Sie diese Auflistung vor dem Einschlafen und nach dem Aufwachen.

Dankbarkeit als innere Grundhaltung ist vielleicht die wichtigste Bedingung für gelingende Begegnungen (Keltner 2009, S. 259 f.).

Echte Fragen stellen

Fassen Sie die Frage, die Sie im Moment am meisten bewegt, so genau wie möglich in Worte. Hängen Sie einen Zettel mit dieser Frage neben den zum Thema Dankbarkeit. Lesen Sie diese präzise Frage vor dem Schlafengehen und nach dem Aufwachen. Sie werden merken: Ihr Gehirn wird, unter Rückgriff auf Ihre alltäglichen Lebenserfahrungen, Antworten entwickeln. Sie bekommen auf diese Weise eine Art Post von sich selbst oder vom Leben an Sie persönlich.

Im Zeitalter der Digitalisierung und der Reizüberflutung ist, unabhängig von unserem Wach-Schlaf-Rhythmus, diese Fähigkeit bei vielen verloren gegangen. Forscher oder Künstlerinnen sind uns hier Vorbilder. Sie verfolgen die Fertigstellung ihrer Texte, Bilder und Projekte oft über jahrelange Zeitbögen hinweg. Entsprechend dicht und aussagekräftig sind dann auch die Ergebnisse. Und sie sprechen in Echtzeit zu uns, ganz direkt. So wie uns eine Erkenntnis oder eine gute Idee in den Kopf kommen, die womöglich monate- oder jahrelang reifen mussten.

Wenn Sie eine neue Antwort haben, die Sie weiterbringt: Erweitern Sie die Liste mit den zehn Dingen, für die Sie dankbar sind, um diesen neuen Erfolg. Formulieren Sie dann Ihre nächste große Frage! Blickt man auf die Menschheitsgeschichte, so sind es wohl vor allem die Fragen, die uns weitergebracht haben (Hüther 2018, S. 181).

Die Antworten gibt sich jede Kultur jeweils für eine Zeit. Sie erinnern sich an die öffnende Kraft der Frage im persönlichen Gespräch, verbunden mit der Fähigkeit, für den Moment einmal von sich selbst abzusehen und herüberzuschauen zum anderen ... So wird die Frage, mit der wir uns auseinandersetzen, im Gespräch zur Brücke von der Distanz hin zur gemeinsamen Sprache.

Für Stimmungen offen bleiben

Hier sind die Zutaten: ausreichend Schlaf und grundsätzliche Gesundheit. Halten Sie Hirn und Sinne offen für die Stimmung, die gerade in der Luft liegt. Deuten Sie die Körpersprache Ihrer Gesprächspartnerinnen und Gesprächspartner. Beobachten Sie Ihre eigenen Gedanken und Gefühle dazu. Spüren Sie, wie es Ihnen gerade geht. Formulieren Sie es für sich.

Wenn Sie darin einige Übung haben: Versuchen Sie es auch im Gespräch. Wenn Sie es für richtig und angemessen halten, können Sie es sogar in Worte fassen. Dann weiß Ihr Gegenüber, woran es mit Ihnen ist (und woran nicht).

Distanz überwinden: Die Weihnachtsschlange

Supermarktkasse, 24. Dezember, morgens. Eine ältere Dame kauft ein Tütchen dunkle und ein Tütchen helle Schokotrüffeln. Sie bezahlt und bedankt sich sehr freundlich und mit einem feinen Lächeln. »Bitte, bitte!«, hallt es mit rumänischem Akzent von der Dame an der Kasse zurück. »Ach, und schöne Weihnachten Ihnen und Ihrer Familie«, wünscht die Kundin und packt ihre Schätze sorgfältig ein.

Da richtet sich die Kassiererin plötzlich hoch auf, schnappt nach Luft und ruft mit Riesenaugen: »Was glauben Sie! Schöne Weihnachten? Nix da! Mein Sohn zieht um. 28 ist er jetzt und eine totale Schlampe. Alles muss ich machen für ihn. Kriegt nichts auf die Reihe, der, wissen Sie! Und dann stehen heute Abend noch vier Kinder vor der Tür, zwei davon mit Enkeln. Bis 14 Uhr habe ich Dienst hier. Und gekocht habe ich auch noch nicht. Und Bronislaw, wissen Sie, was der macht?« »Bronislaw?« »Ja, Bronislaw, mein Mann; der guckt Sport von morgens bis abends! Soll der mal kochen! Aber der kann es nicht. Schmeckt nicht, was der kocht, wissen Sie?« Erneut schnappt sie nach Luft.

»Wissen Sie was?«, mischt sich ein Herr aus der inzwischen längeren Schlange ein: »Bei Ihnen ist ja richtig was los! Da möchte ich auch mit Weihnachten feiern. Stellen Sie sich mal vor, Sie säßen allein in Ihrer Villa. Niemand klingelt. Keiner ruft an. Bei Ihnen steppt wenigstens der Bär!« Jetzt lächelt die Kassiererin, dann lacht die Frau mit den Schokotrüffeln, dann die ganze Schlange an der Kasse, die für diesen Moment jede vorweihnachtliche Ungeduld vergessen hat. Da muss der Weihnachtsmann im Spiel gewesen sein. Vielleicht heißt er ja in diesem Jahr Bronislaw …

Was ist hier geschehen? Da hat jemand einer Situation spontan und mit nahbarer Sprache eine neue Wendung gegeben – indem er sie neu bewertet. Die Distanz der stummen, ungeduldigen Schlange wandelt sich zur Gemeinschaft. Die Situation der Kassiererin wird zum Beweis für das pralle, pulsierende Leben, nach dem wir uns alle sehnen. Und dies, liebe Leserin und lieber Leser, lässt sich lernen, wie wir aus ganz verschiedenen Perspektiven in diesem Buch gezeigt haben: die Chance in dem zu suchen, worüber wir uns eben noch geärgert haben. Die Fähigkeit, auf dieselbe Sache einmal anders zu schauen. Humor und Spontaneität geben uns Mut und Kraft, in einer ungeplanten Situation auf andere zuzugehen, das Wort zu ergreifen und Situationen dadurch umzugestalten, ja, manchmal sogar zu retten.

Distanz ➡ Offenheit ➡ Resonanz

Denken Sie an die beiden Grafiken im vierten Kapitel. Es ist dasselbe Bild, aber aus zwei Perspektiven. Wenn wir hier und da unsere Wahrnehmung kopfstehen lassen, befreien wir uns von unserer Fixierung auf uns selbst. Gleichzeitig befreien wir auch unsere Mitmenschen von ihrer Fixierung auf uns. Und im gemeinsamen Lachen wächst das Gefühl, dass wir der oder dem anderen plötzlich vertrauen können, sie oder ihn nicht mehr festlegen müssen, auf eine bestimmte, über- oder unterlegene Art zu sein, sie oder ihn nicht mehr auf Abstand halten müssen. Wir können alle einfach so lassen und annehmen, wie sie sind.[42]

Ein gelungenes Gespräch – das ist der Austausch von Menschen, die nicht über ihre Gesprächspartner herrschen, sondern mit ihnen gemeinsam Schönes und Neues, Lustiges und Spannendes, Tiefes und Weites entdecken wollen. Die Fähigkeit dazu bringen wir alle, wie die Fähigkeit zu spielen, von Geburt an mit. Wir brauchen sie nur (wieder) zu aktivieren!

TEIL III

Begegnungen im Gespräch heute

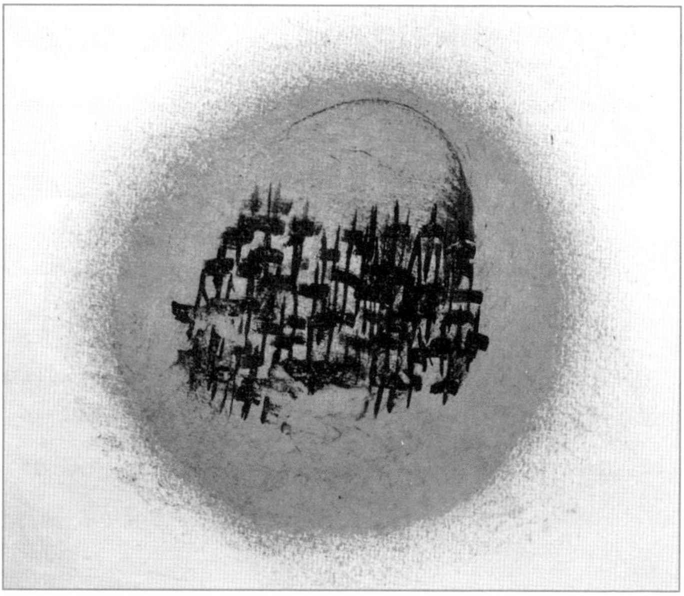

Tom Peters, miteinander, Chinatusche und Öl, 2019

7. Wo gibt es heute gute Gespräche?

Das Gespräch ist eine Begegnung von Menschen mit unterschiedlichen Erinnerungen und Gewohnheiten. Wenn Menschen zusammenkommen, tauschen sie nicht nur Tatsachen aus: Sie wandeln sie um, geben ihnen eine andere Gestalt, ziehen unterschiedliche Schlüsse aus ihnen, lassen sich auf neue Gedankengänge ein. Ein Gespräch mischt nicht nur die Karten neu, es bringt ganz neue Karten ins Spiel.
Theodore Zeldin (1999)

Wir sind uns einig: Ein Buch, das Ihnen wirklich Lust auf Begegnungen im Gespräch machen soll, braucht reichlich Appetitanreger: echte Gespräche und auch Gelegenheiten und Anlässe, die Ihnen Lust auf eigene Initiativen machen können. Deshalb haben Sie in den vorausgehenden Kapiteln immer wieder kürzere Gespräche belauschen können und hier und da haben wir auf Orte guter Gespräche hingewiesen.

Die nachfolgenden Kapitel liefern darüber hinaus Eindrücke aus der Praxis und Informationen, die bisher zu kurz gekommen sind: Sie werden Zeugin oder Zeuge eines längeren Gespräches, in dem Sie die allmähliche Annäherung der Gesprächspartner in Ruhe beobachten können. In diesem Dialog gehen Small Talk und Personal Talk, Big Talk und Schweigen ineinander über. Anschließend erfahren Sie mehr über Orte und Ideen, die Menschen zu Gesprächen zusammenbringen.

Wir haben lange recherchiert und darüber hinaus immer wieder Begegnungen initiiert und dann aufgenommen, was passierte. Heraus kamen einige erstaunliche und sehr schöne Gespräche. Für einen aus unserer Sicht sehr besonderen Austausch haben wir uns dann entschieden. Im Anschluss finden Sie lauter Gelegenheiten, in denen heute Gespräche zu Begegnungen führen.

Lassen Sie die Eindrücke, die Sie auf den nächsten Seiten bekommen, auf sich wirken. Notieren Sie sich, was Ihnen besonders gefällt. Wenn Sie dann das ein oder andere selbst ausprobieren – seien es Gespräche oder die Organisation von Gesprächsanlässen –, dann freuen wir uns.

Und wenn Sie eigene Ideen haben, schreiben Sie uns bitte an die Adresse info@intros-extros.com.[43]

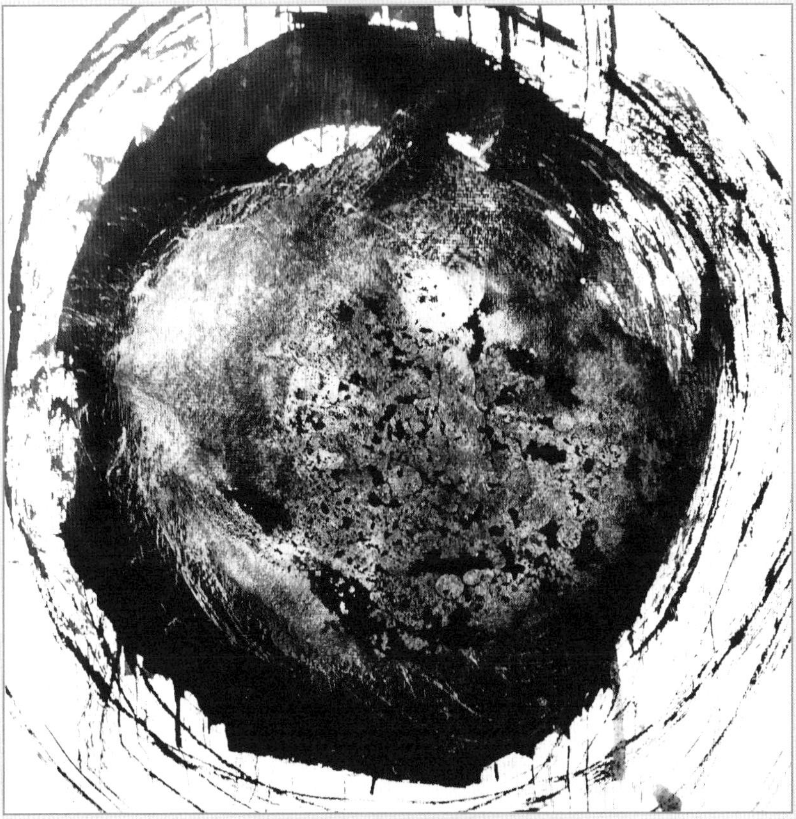

Tom Peters, Dialoge, Mischtechnik, 2018

Helmut Neunzert und Josefine Meibert

8. Begegnung im Gespräch live: Josefine Meibert und Helmut Neunzert im Dialog

Die beiden Menschen, deren Unterhaltung Sie gleich lesen können, sind denkbar weit voneinander entfernt: Mann und Frau, alt und jung, Institutsdirektor und Studentin der Wirtschaftswissenschaften. Gemeinsam sind ihnen eine hohe Intelligenz, eine lebendige, unerschrockene Neugier und eine große Menschenfreundlichkeit. Aber sehen Sie selbst!

Josefine Meibert, 21, studierte nach dem Abitur zunächst Medizin in Bonn, wechselte jedoch nach zwei Semestern für ein Studium der Wirtschaftswissenschaften an die Zeppelin-Universität in Friedrichshafen. Parallel dazu absolviert sie ein Fernstudium der Psychologie an der Universität Hagen. Zum Zeitpunkt des Gesprächs bekleidet sie das Amt der Studentischen Vizepräsidentin an der Zeppelin-Universität und ist dafür ein Jahr lang von ihrem Studium freigestellt. Zudem ist sie eine begeisterte Reisende und Stipendiatin der Studienstiftung des deutschen Volkes, wo sie Sylvia begegnete und ihr sofort auffiel.

Professor Dr. Helmut Neunzert bereicherte mit seinen Forschungen über Gleichungen der statistischen Mechanik die Mathematik. Er ist außerdem Gründungsdirektor des weltweit größten Instituts für angewandte Mathematik, des Fraunhofer-Instituts für Techno- und Wirtschaftsmathematik (ITWM) in Kaiserslautern. Helmut Neunzert wurde im In- und Ausland vielfach ausgezeichnet. Er war und ist bekannt für sein Engagement im internationalen Wissenschaftsaustausch, seinen Unternehmergeist sowie für die Förderung des akademischen Nachwuchses.

Mit seiner seltenen Mischung aus Geist und Menschenliebe, Lebensfreude und Tatendrang gelingt es dem zum Zeitpunkt des Gesprächs Zweiundachtzigjährigen nach wie vor, Menschen der unterschiedlichsten Richtungen zusammenzubringen und für neue Ideen und Projekte im In- und Ausland zu begeistern. Helmut Neunzert lebt, wenn er nicht auf Reisen ist, mit seiner Frau Renate Neunzert, einer Anglistin, in Prien am Chiemsee.

Dort waren wir im Herbst 2018 für ein Abendprogramm, eine Mischung aus Klavierkonzert und Lesung. Am Morgen danach trafen wir uns mit unseren beiden Gesprächspartnern.

Das Gespräch: Prien, 19. Oktober 2018

Josefine Meibert und Helmut Neunzert sind sich vor dem Gespräch noch nie begegnet. Sie wissen im Vorfeld zwar über unsere Vermittlung voneinander und haben so auch die Möglichkeit, sich auf das Gespräch einzustimmen. Wie genau dies jedoch geschehen und was es für ihre Begegnung bedeuten würde, soll ja gerade unvorhersehbar bleiben. Wir schlagen im Vorfeld einige Themen vor, lassen die beiden dann aber bewusst »machen«. Es soll ja *ihre* Begegnung im Gespräch werden. Hier ist es!

M: Herr Professor Neunzert, wie sind Sie aufgewachsen und wie haben Sie Ihr Studium begonnen? Welche großen Ziele hatten Sie?

N: Ich komme aus einer ganz anderen Zeit als Sie, liebe Frau Meibert. 1954 habe ich Abitur gemacht, neun Jahre nach dem Krieg. Welche großen Ziele hatte man? Na, aus dem Schlamassel der Nachkriegszeit herauszukommen. Ganz einfach. Mein Vater verdiente nach dem Krieg 400 Mark im Monat, das entspricht heute etwa 1200 Euro. Mehr war für einen ehemaligen Angestellten einer staatlichen Bank einfach nicht drin. Also zunächst: Nur raus aus diesem Mist. Die Familie war nach dem Krieg ökonomisch völlig ruiniert. Ich war wie ein Frosch, der strampeln musste, damit aus der Sahne Butter werden und er hinausspringen konnte.

M: Und warum Mathematik?

N: Einfach weil ich in Mathe besonders gut war. Ich wollte erst einmal Mathe- und Physiklehrer werden. Andere Ideen gab es nicht. Welche Berufschancen gab es denn damals? Unternehmensberater jedenfalls nicht. Stellen in Firmen gab es auch keine. Da habe ich die Fächer genommen, in denen ich in der Schule besonders gut war. Sehr geholfen hat mir die Tatkraft meiner Mutter, wie ich eine extrovertierte Person. Sie sagte: »Wenn du eine Aufstiegschance haben willst, studierst du. Tante Luise in München hat eine Besenkammer frei – da kannst du schlafen. Du bekommst 60 Mark im Monat. Damit kannst du starten.«

M: Mathematik in der Schule und Mathematik an der Universität, das ist ja schon etwas anderes. Ist es Ihnen anfangs schwergefallen, sich da hineinzudenken?

N: Ich erinnere mich an einen recht ruppigen Start. (Schmunzelt.) Die ersten Übungsaufgaben, die wir in München bekommen haben, habe ich zu Hause am Wochenende mit meinem ehemaligen Mathelehrer zusammen gelöst und abgegeben: Null Punkte, glatt. Das war's. Aber das geht allen Mathestudierenden so am Anfang. Mit der Zeit kommt man da jedoch schon rein. Es war auch damals nicht so wie heute, wo sehr viele – zugespitzt – immer nur 1,0 im Abitur bekommen. (Lacht.) Aber jetzt interessiert mich ja schon: Sie, Frau Meibert, studieren ja ein sehr breites Gebiet, das man gut als Liberal Arts bezeichnen kann, oder?

M: Ich habe mit Medizin begonnen. Der Wechsel zu den Wirtschaftswissenschaften war eine intuitive Entscheidung. Und mit dem neuen Fach suchte ich nach einer Universität, die sich traut, es anders zu machen. Ich hatte keine Lust auf Hörsäle mit fünfhundert Studierenden und Partystimmung danach. Ich wollte einen Campus, auf dem es blitzt und brutzelt. Und den habe ich an der Zeppelin-Universität in Friedrichshafen gefunden. Wir sind eigentlich alle immer auf dem Campus, auch nach den Lehrveranstaltungen. Wir sind im Dialog miteinander, neugierig aufeinander. Kein Thema von Interesse muss vorenthalten werden. Das tut gut!

N: Oh ja, ich verstehe genau, was Sie meinen. Damit tun wir uns in Deutschland immer noch sehr viel schwerer. Eine Atmosphäre wie Oxford oder Cambridge hierzulande zu finden, das ist wirklich nicht leicht.

M: Ja, und die Professorinnen und Professoren kümmern sich dort wie bei uns sehr um die Studierenden. Der direkte Kontakt mit den Expertinnen und Experten, das ist super.

N: Ich erinnere mich an eine Vorlesung über Quantenmechanik bei Werner Heisenberg, eine Übung zur Vorlesung. Und was glauben Sie? Heisenberg schickte nicht, wie sonst allgemein üblich, einen Assistenten, sondern kam selbst. Er hatte damals schon lange den Nobelpreis! Wir waren zwei besonders interessierte Studenten. Und so dilettantisch unsere Fragen sicher auch waren: Heisenberg nahm uns ernst, jede einzelne Äußerung kommentierte er ausführlich. Manchmal dachte er selbst still nach, welches Potenzial in unseren Fragen für uns und für die Wissenschaft liegen könnte. Diese Haltung ist mir bis heute Vorbild geblieben. Ich habe mich bemüht, sie an meine Studierenden weiterzugeben. (Es entsteht ein Moment der Stille.) Aber sagen Sie, Frau Meibert, ich kann gar nicht verstehen, dass sich eine junge Frau wie Sie echt für Wirtschaftswissenschaften interessiert? Ist es wegen der Nähe zum Geld oder weil das Studium recht schnell zum Job führt? (Schmunzelt.)

M: Mich interessiert vor allem die Theorie der wirtschaftlichen Zusammenhänge, volks- und betriebswirtschaftlich. Und dann die Aspekte eines ganzheitlichen Controllings. Und aus der Medizin habe ich immer noch die Begeisterung für die Psychologie, für das Verhalten von Menschen. Ergänzend belege ich Kurse in den Fächern Soziologie, Kommunikationswissenschaften und Politologie.

Die Zeppelin-Universität legt zum Glück viel Wert auf eine breite Basis. Spezialisieren müsste ich mich dann im Masterstudium. Ich habe immer schon gern Dinge auseinandergenommen, wieder zusammengesetzt und mich gefragt: Wie funktionieren die eigentlich? Vielleicht daher mein Faible fürs Controlling. (Lacht.)

N: Welche großen Ziele hatten Sie denn zu Beginn?

M: Mutig sein und neugierig sein. Nichts Konkretes, was ich so einfach abhaken könnte.

N: Oh, das hätte ich damals bei mir noch nicht sagen können. Ich wollte, wie gesagt, zunächst wirklich nur aus dem Schlamassel raus. Da war wenig Mut dabei und auch die Neugierde kam erst während des Studiums. Später habe ich aber allen meinen Studenten gepredigt: »Das Wichtigste, das ihr braucht, ist Neugier!«

M: Wann hatten Sie zum ersten Mal das Gefühl: Ich kann jetzt selbst gestalten, ich muss nicht mehr »raus aus dem Schlamassel«?

N: Spät. Zunächst war ich einfach ein braver Schüler. Allmählich habe ich dann gemerkt: Es macht auch Spaß. Es macht einfach Riesenspaß, etwas entdecken, erfinden zu dürfen, was die anderen vielleicht noch nicht wissen. Forschen bedeutet in den MINT-Fächern: Probleme zu lösen. Dazu muss man vor allem Neugier für die Problemstellung haben und Spaß daran, selbst zu denken.

Sicher hat mir während meines ganzen Lebens geholfen, zu Beginn neuer Lebensabschnitte keine großen Erwartungen zu haben. Und es ging dann eigentlich immer besser, als ich es erwartet hatte. Ich war daher wohl ganz selten in meinem Leben enttäuscht. So wollte ich ja ganz zu Beginn einfach Lehrer werden. Wenn da nicht einer gekommen wäre und gesagt hätte: »Da ist eine Forschungsstelle in Aachen, hast du nicht Lust?«, dann wäre ich wohl Oberstudiendirektor in Miesbach oder anderswo in Bayern geworden. Wäre ja auch gut gewesen.

M: Das erinnert mich an Dürrenmatts Stück *Die Physiker*. Man kann alles planen, aber am Ende kommt es doch völlig anders. Man muss sich bei aller Planung auch einlassen können aufs Leben.

N: Ich werde manchmal gefragt, ob es eine Weisheit der Jugend gibt. Ich zweifle, denn Jugend soll doch einfach loslaufen und probieren, Erfahrungen sammeln. Es ist ein Privileg der Jugend, sich ins Leben zu stürzen. Umgekehrt sagen fast alle alten Leute: Ich fühle mich so jugendlich, ich bin zehn Jahre jünger, als es in meinem Pass steht. Ich weiß nicht, ob das so sinnvoll ist. Aber so etwas wie Abenteuer gibt es schon auch im Alter.

M: Mit welcher Haltung gehen Sie in die Zukunft?

N: So sehr viel Zukunft gibt es in meinem Alter nicht mehr. Es geht darum, das Leben ordentlich zu Ende zu leben. Sicher gibt es noch wunderbare Momente, man versteht plötzlich etwas neu oder man freut sich über Begegnungen. Aber diese Frage passt ja viel besser zu Ihnen, Frau Meibert?

M: Na ja, ich stehe ja noch am Anfang und sage mir mit Sartre: Ich bin zur Freiheit gezwungen. Also habe ich auch die Freiheit, mit jeder Situation so oder so umzugehen. Ich habe die Wahl. Deshalb bin ich auch zufrieden, wenn etwas schiefläuft. Denn ich kann mich jederzeit korrigieren, meine eigene Einstellung und die Situation selbst auch. Viel unterwegs sein ist etwas, über das ich mich einfach sehr freue. Das war schon immer so. Wenn ich länger an einem Ort bin, werde ich nervös. Daran merke ich, dass wieder Veränderung nötig wird.

N: Sagen Sie, andere Menschen spielen in Ihrem Weltbild keine Rolle?

M (lacht): Na doch. Aber meine Freunde sind so viele, wie ich Finger an einer Hand habe.

N: Nein, ich meine, in Ihrer ganzen Planung sehe ich kaum eine soziale Komponente …

M: Ich bin schon Einzelgängerin. Ich möchte mir meine Unabhängigkeit bewahren, mich nicht zu sehr sozial festlegen, jedenfalls im Moment.

N: Für mich spielten andere Menschen immer eine große Rolle, nicht nur im Privaten, sondern auch im Beruflichen, in meiner »Tagfamilie«, wie meine Frau immer sagte. So kam es auch, als ich 59 Jahre alt war, zur Gründung dieses Fraunhofer-Instituts. Da war um mich eine Gruppe jüngerer Leute, so zwischen 25 und 40 Jahre alt. Die haben gesagt: »Das musst du machen, das ist unsere Chance!« Und so habe ich es halt gewagt, gemeinsam mit meinen Leuten – in einem Alter, in dem viele andere schon an die Pension denken. Die mühsamste Zeit meines Lebens (schmunzelt); da war keine Woche unter 75 bis 80 Arbeitsstunden ... Aber von allen Menschen am meisten geprägt hat mich natürlich meine Frau.

M: Wie haben Sie sich kennengelernt?

N: Das war ein Projekt der Uni und der Stadt München, die Gestaltung von Sommerferien für Kinder bedürftiger Eltern. Wir sind mit denen in die Wildnis um die Seen bei München gefahren und haben tagelang Abenteuerspiele gemacht.

Und bei den Nachbereitungen dazu, da haben wir uns kennengelernt. Demnächst haben wir diamantene Hochzeit ... Begonnen hat es 1957, also vor über 60 Jahren. Heiraten kam für uns zunächst überhaupt nicht infrage. Wir hatten andere Pläne.

M: Das sagt die junge Generation ja heute auch.

N (lacht): Und dann tut sie es doch. So ist das bei uns auch gewesen.

M: Also hat sich nicht so viel verändert. Ich habe aber das Gefühl, dass die heutige Jugend erwachsener ist als zu Ihrer Zeit. Erwachsener vielleicht, als sie eigentlich sein soll.

N: Glaube ich nicht. Aber unpolitischer sind sie heute, die jungen Menschen.

M: Das stimmt auf jeden Fall, auch für mich selbst. Ich bin nicht uninteressiert, verfolge die Dinge auch mit. Aber ich würde mich nicht als sonderlich politischen Menschen bezeichnen.

N: Sie engagieren sich nicht für politische Anliegen?

M: Doch, aber nicht aus Eigeninitiative. Wenn mich jemand fragt, dann schon. Ich stehe zum Beispiel auf der Liste unseres Gemeinderats für die nächsten Kommunalwahlen.

N: Jetzt verraten Sie mir noch, für welche Partei?

M: Die FDP, ich bin eine Liberale.

N (lacht): Ich war bei den Liberalen sogar mal Kreisvorsitzender in Düren. Ich war ein glühender Anhänger der sozialliberalen Koalition unter Schmidt, Genscher und Scheel. Aber heute bin ich nicht mehr dabei.

M: Gestalten wollte ich immer schon. Ich bin neulich in einem Interview gefragt worden, was ich in meiner Funktion als studentische Vizepräsidentin bei den Studierenden ändern möchte. Da habe ich gesagt, dass ich an anderen eigentlich gar nichts ändern kann, an mir selbst aber schon.

N: Das ist eine spannende Frage: Was will man an sich denn ändern? Ich zum Beispiel bin ein viel zu ungeduldiger Mensch. Das müsste ich dringend ändern. Sie sollten mich in einem Stau erleben: Auweia, das widerspricht jeder Weisheit des Alters. Außerdem finde ich dauernd noch weiße Flecken auf meiner Weltkarte, Dinge, die ich gern noch wissen würde. Ich schaue auch gern über den Tellerrand. Das ist auch wichtig für die Mathematik: sich mit anderen, neuen, fremden Themen auseinanderzusetzen. Man will ja wissen – und man will etwas machen. Dazu passt ein Gespräch, das ich mit meinem Kollegen Heinrich von Weizsäcker führte. Er meinte, er sei ein »Know-er«, ich dagegen sei ein typischer »Do-er«. Dabei schätzte er wie auch die mathematische Gemeinschaft insgesamt natürlich die Ersteren höher ein. Aber ich fürchte, er hatte recht, wenn auch nicht zu hundert Prozent.

M: Die Möglichkeit zum Mitgestalten, langfristig Strukturen aufzubauen und bestehende zu verbessern, unterschiedliche Statusgruppen wie Professoren, Studierende und Gäste zusammenzubringen, das reizt mich schon. Wir beide bringen irgendwie Leute zusammen, stimmt. Schon in meiner Bonner Zeit habe ich bei *Balu und Du* mitgearbeitet, einem Mentoringprogramm für Kinder von Flüchtlingsfamilien.

N: Finde ich ganz toll. Organisieren Sie an Ihrer Uni auch Vorträge?

M: Ja, zum Beispiel neulich einen von Sylvia Löhken, über intro- und extrovertierte Kommunikation. An der Zeppelin-Universität kann es ziemlich extrovertiert zugehen. Aber viele Studierende sind introvertiert. Daran haben wir nach dem Vortrag gearbeitet. Gerade interessieren mich als Thema für einen Vortrag Museen, die Bedeutung des Museums für die Gesellschaft.

N: Bei uns am Fraunhofer-Institut, wo ich ja noch bei der Gestaltung der Vortragsreihe *Blick über den Tellerrand* mitwirke, steht zurzeit der Themenkomplex »Künstliche Intelligenz, maschinelles Lernen durch künstliche neuronale Netzwerke« im Vordergrund.

Hier ist eine zehnminütige Pause zum Luftholen geplant. Das Gespräch bleibt aber in vollem Gang und bewegt sich hin zu gesellschaftlichen Themen. Wir schalten das Aufnahmegerät nach zehn Minuten einfach wieder ein.

M: Was sind für Sie die wesentlichen Vorteile unserer Gesellschaft, Herr Neunzert?

N: Erstens Freiheit der Wahl und des Wortes, zweitens Chancengleichheit, drittens Brüderlichkeit, verstanden als Würde des Menschen.

M: Warum diese drei?

N: Weil sie mir im Laufe meines Lebens immer wichtiger geworden sind. Als Wissenschaftler reist man viel und sieht andere Gesellschaften. So habe ich auch fünfzehnmal Indien bereist. Meinungsfreiheit funktioniert dort prima. Indien ist eine Demokratie. Aber Gleichheit, Chancengerechtigkeit: Die gibt es dort sehr viel weniger. Und Brüderlichkeit funktioniert dort zum Beispiel zwischen Hindus und Muslimen sehr schlecht, zumindest in den letzten Jahren.

M: Das Zusammenwirken dieser drei Begriffe finde ich auch wichtig. Und es berührt auch eine Schwäche, die ich in unserer Gesellschaft beobachte. Ich nenne sie mal Geistlosigkeit. Das bedeutet, dass man sich selbst die Freiheit zu denken wegnimmt, vielleicht aus Angst, den Gewinn zu verpassen, zu früh ins Handeln zu gehen, aus Angst, als Abweichler vielleicht nicht mehr zur großen Gruppe zu gehören. Andererseits kann ich auch verstehen, dass man vor Freiheit Angst haben kann. Aber es wird halt gefährlich, wenn man die Angst instrumentalisiert. Ich sehe immer wieder, dass politische Parteien oder Medien genau das tun.

N: Ich sehe auch eine wachsende Gefährdung der drei oben genannten Vorteile. Am schlimmsten finde ich die Bedrohung der Gleichheit durch die Dominanz des Geldes. Vielleicht hängt das ja mit der Geistlosigkeit zusammen, die Sie angesprochen haben. Einerseits benutzen wir das Wort »Armut« in einer etwa für Afrikaner völlig unverständlichen Weise. Arme bei uns sind Reiche in Afrika – daraus entsteht die Migration. Andererseits sind die Boni, die Manager auch nach Versagen einkassieren, obszön. Leider dominiert auch in der Jugend das Ziel, einmal viel Geld zu verdienen.

M: Ich war letzte Woche auf einer Studienmesse, und das war da auch die Frage: »Was mache ich nach der Schule und womit verdiene ich am meisten?« Alle Studienanfänger suchen Orientierung. Und sie denken: »Wenn ich wenigstens Geld habe, dann kann ich mir Sicherheit kaufen.« Was aber nicht gefragt wurde: »Welche Leute lerne ich auf der Uni kennen? Welche Beziehungen baue ich auf?« Beziehungen zu Menschen helfen viel mehr als 500 Euro auf der Bank.

N: Sie fragen leider meist auch nicht danach, was sie eigentlich auf der Universität sollen: ein neues Wissensgebiet erschließen, etwas verstehen, Probleme lösen.

M: Dabei hilft das Bologna-System auch eher weniger.

N: Stimmt, ja. Und in puncto Gefährdung der Brüderlichkeit: Mich schaudert es, wenn immer mehr Menschen andere Gruppen von Menschen als »Nichtmenschen« oder »Untermenschen« betrachten. Das ist für mich der Ursprung jeden Übels.

M: Was halten Sie von der Genderdebatte? Dass es nicht mehr »Flüchtlinge« heißt, sondern »Geflüchtete«, nicht mehr »Studenten«, sondern »Studierende«?

N: Ich versuche »brav« zu sein, wenn ich schreibe. Aber beim Sprechen bin ich da nicht sehr korrekt. Es gibt allerdings Bereiche, wo ich immer noch eine starke Diskriminierung von Frauen erkenne, wo sie offensichtlich nicht als vollwertige Menschen gesehen werden: Ich meine die katholische Kirche, meine Kirche, und die Tatsache, dass Frauen dort nicht Priesterin werden können.

M: Angst vor Terror, Unzufriedenheit mit den Eliten, Undurchsichtigkeit der geo- und sozialpolitischen Strukturen – sind das die Gründe für den neuen Rechtsruck weltweit? So haben wir es in einem Politologieseminar versucht zu erklären.

N: Die Ursachen für den Rechtsruck? Da gibt es, so glaube ich, eine dominante Ursache: die Unsicherheit. Das war, glaube ich, schon immer so. Obwohl die Menschen heute in Deutschland im Vergleich zu früher oder zu anderen Regionen eine ungeheure ökonomische Sicherheit haben, obwohl fast alle Gefahren abnehmen …

M: Vielleicht fehlt ihnen die Selbstwirksamkeit?

N: Ja, das kann sein. Ich denke gerade an Hans Rosling, den Friedensnobelpreisträger und Autor des Bestsellers *Factfulness*.[44] Der hat ganz solide und systematisch weltweit Daten gesammelt und ist zu dem Ergebnis gekommen: Vieles hat sich deutlich verbessert, öko-

nomisch, sozial, bildungsmäßig. Aber die meisten Menschen haben ein schwärzeres Bild von der Welt als je zuvor. Viele sind fast beleidigt, wenn sie hören, dass die Welt nicht so schlecht ist, wie sie sie sehen wollen. (Schmunzelt.) Die Armut wird weniger, Frauen werden besser ausgebildet, der Analphabetismus hat sich weltweit stark reduziert. Die Verantwortung für all die Hiobsbotschaften, die herumschwirren, haben zu einem großen Teil die Medien. »Only bad news are good news!«

M: Sie waren fünfzehnmal in Indien. Was ist Ihnen dort noch besonders aufgefallen – neben dem, was Sie schon erzählt haben?

N: Wohl weil ich meist an Universitäten war: vor allem ein missverstandenes angelsächsisches Bildungsideal. Ähnlich wie bei den Chinesen (bei denen es aber in den letzten Jahren besser wird): In Indien sollen Studenten meist lieber auswendig lernen als selbst denken. »Sapere aude«, wage es, selbstständig zu denken, hat diese Länder noch nicht vollständig erreicht.

M: Oh, das beobachte ich bei deutschen Studierenden aber auch. Manche Mediziner zählen die Seiten, die sie pauken müssen, und dann wird das ganze Zeug auswendig gelernt.

N: Na ja, so viele Medizin-Nobelpreise aus Deutschland gibt es zurzeit ja auch nicht.

M: Darf ich Sie etwas ganz anderes fragen? Was sollte ein siebenjähriges Kind bereits erlebt haben?

N: Es sollte gespielt und gute Erfahrungen mit seinen Eltern gemacht haben. Das ist das Wichtigste.

M: Stimmt, bedingungslose Liebe ist wichtig. Ein Kind sollte erfahren haben, was Zuneigung bedeutet. Zugleich sollte es gelernt haben, mit Kritik umzugehen. Außerdem reisen, so viel wie möglich von der Welt sehen. Gern und neugierig Fragen stellen, niemals aufhören zu fragen.

N: Ja, die Freude, etwas zu entdecken. Die braucht man im Alter übrigens auch. Vielleicht kommt im Alter die Fähigkeit hinzu, von sich selbst mehr abzusehen, mehr zum anderen hin zu denken, sich selbst nicht mehr so wichtig zu nehmen. Dass nicht nur das eigene Leben wichtig ist, sondern auch das der anderen. Wenn man im Alter noch völlig ichbezogen ist, dann ist es meist sehr unerfreulich. Dann wird das Alter zur Qual. Menschen, die sich im Alter nur um sich selbst drehen, sind so unfreundlich zu ihren Mitmenschen. Das kann man nur durch gnadenlose Freundlichkeit ausgleichen.

M: Ich denke noch an die Genderdebatte von vorhin, verbunden mit der Rolle der Frau heute. 60 Prozent der verheirateten Frauen zwischen 30 und 50 verdienen weniger als 1000 Euro netto im Monat. Muss das heute noch so sein?

N: Ich kenne das aus eigener Erfahrung so nicht. In dem Bereich, in dem ich arbeite, verdienen Männer und Frauen gleich viel, und sie bekommen auch die gleiche Verantwortung. Und das Institut, das ich mitgegründet habe, bekommt gerade jetzt eine vorzügliche Wissenschaftlerin als Direktorin. Ich gebe zu, dass da manchmal nachgeholfen werden muss; auch Fraunhofer drängt jetzt auf Gleichberechtigung der Geschlechter bei der Besetzung in der Leitungsebene. Das wäre in diesem Fall aber gar nicht nötig gewesen.

M: Ich beobachte den Unterschied in der Bewertung: Wir Frauen achten vielleicht verstärkt darauf, ob wir vom Rudel akzeptiert und unterstützt werden, ob wir passen oder nicht. Wir laufen Gefahr, uns dadurch zu sehr aufzuhalten, anstatt einfach mal loszulegen. Und wenn sich eine Frau in eine Leitungsfunktion aufschwingt, wird das oft mit Unverständnis quittiert. »Was fällt der ein, sich für etwas Besseres zu halten?« Ich beobachte diese Verhaltensweisen auch bei mir selbst und lerne daraus, nämlich mein Verhalten zu ändern, einfach zu machen und mich auch damit durchzusetzen.

N: Ich gestehe, dass ich am Anfang meiner Karriere als Institutsleiter auch einiges lernen musste. Wenn sich eine junge, frisch verheiratete Wissenschaftlerin bewarb, habe ich gedacht: Hoffentlich fällt sie nicht bald aus! Wie könnte ich sie ersetzen? Da halfen mir dann meine jungen Mitarbeiter aus der eigenen Dummheit: »Selbstverständlich nehmen wir sie. Und wir springen auch, wenn nötig, für sie ein.«

Hier entsteht eine Gesprächspause.

M: Gibt es ein Leben nach dem Tod?
N: Eine Antwort fällt mir als Agnostiker schwer. Es kann sein, aber eher denke ich, dass es mit dem Tod zu Ende ist. Man weiß es halt nicht.
M: Aber wenn ich es wüsste, dann wäre es ja kein Glaube.

Das Gerät wird abgeschaltet, aber das Gespräch geht weiter.

***

Josefine Meibert und Professor Neunzert tauschen Adressen aus und wollen in Kontakt bleiben. Wir dürfen mehr als gespannt sein, was aus dieser Begegnung wachsen wird.

Tom Peters, Möwen im Gespräch, Reykjavik, 2018

9. Räume schaffen für andere: Besondere Menschen, die Begegnungen in Gesprächen heute möglich machen

Pasta-Partys: Die Salons der Elisabeth »Sissy« Strauss, New York und Wien

Sissy Strauss ist ein soziales Genie. 1943 geboren in der Welt des Wiener Großbürgertums, entdeckt sie intuitiv ihre Liebe zur Musik und zur Welt der großen Bälle. Sie entscheidet sich für ein Jurastudium, das sie gern weiterverfolgen würde, wenn die Staatsprüfungen nicht mit den Terminen der rauschenden Feste kollidieren würden. Nach Anfangsjahren in Montreal hält sie ein im Rückblick glücklicher Zufall in New York fest. Ein Gelegenheitsjob in der Metropolitan Opera lässt ihr großes Talent für Menschen deutlich werden: Die »Artistic Liaison«, also die Betreuung der saisonal engagierten Künstlerinnen und Künstler, nimmt sie zum Anlass für die Eröffnung eines ersten Salons in ihrem privaten Apartment. Der wird bald nicht nur zum Zentrum der Szene, sondern beginnt in die Gesellschaft auszustrahlen.[45] Pasta mit Pavarotti am Herd, Anna Netrebko im Wohnzimmerkonzert und viele andere, spontane Begegnungen lassen einen Zauber entstehen, der sich bis heute fortsetzt. Einen Höhepunkt bildet der *Golden Laurel* der HIIDA Los Angeles (Hollywood International Independent Documentary Award) für den Film *Der letzte Salon* im Jahr 2017.[46]

Zusammen mit ihrem Mann Max Strauss kehrt Sissy Strauss im selben Jahr nach Wien zurück und setzt dort ihre Salontradition mit der gleichen Hingabe fort. Eine berufene Welt-Kulturbotschafterin aus Leidenschaft!

Axel Schmidt-Gödelitz: Ost-West-Gesprächskreise oder: Wiedervereinigung ist ein Prozess

1942 wird Axel Schmidt-Gödelitz auf Gut Gödelitz in Sachsen geboren. Die Enteignung der Familie um die Jahreswende 1945/46 führt zur Flucht nach Oberschwaben. Schmidt-Gödelitz macht als Politologe und Volkswirt eine internationale Karriere. Als es 1989 möglich wird, das elterliche Gut von der Treuhand zurückzukaufen, zögert er nicht lange. Er renoviert das Anwesen und verbindet es mit einer Idee: Menschen aus Ost und West sollen seinen Einladungen folgen und sich in der geschützten Atmosphäre des Landguts über ihre unterschiedlichen Biografien, Anschauungen und Perspektiven unterhalten. Die Idee wird Wirklichkeit – eine Initiative, der inzwischen viele Tausend Menschen gern gefolgt sind und die bis heute besteht.

Obwohl auch Gödelitz von der Abwanderung der meisten öffentlichen Einrichtungen betroffen ist, setzt Schmidt-Gödelitz seine *Deutsch-deutschen Biografiegespräche* mit großem Engagement fort. Die Kraft der Veranstaltungen liegt in ihrer Kontinuität. Menschen kommen sich erfolgreich näher, wenn sie »sich Zeit nehmen und einander einfach mal zuhören«. Es geht um eine »Erziehung zur Friedensfähigkeit«, darum, die Welt und das Leben einmal mit den Augen der anderen zu sehen.[47] Denn Menschen fallen »nicht vom Himmel«, sondern werden »geformt [...] von den Systemen um sie herum«.

Und Weiterentwicklung gibt es nur, wenn sie bereit sind, ebendies in Begegnungen und Gesprächen miteinander zu teilen.

Everybody Eats: Essen und Gespräche zwischen den Welten

Wie schon an früherer Stelle geschildert, treffen sich im neuseeländischen Auckland rund 250 Banker, Studierende und Obdachlose, um gemeinsam zu essen. Für die Obdachlosen ist es eine Chance, an eine warme Mahlzeit zu kommen und sich mit Menschen zu unterhalten, die in bürgerlichen Verhältnissen leben. Dieses gemeinsame Gespräch ist vielen mindestens so wichtig wie das Essen – obwohl das dreigängige Menü richtig gut ist. Nick Loosley gründete die Initiative *Everybody Eats*, um Barrieren zu überwinden: dadurch, dass Menschen miteinander essen und reden, die sich sonst nie begegnen würden. (Neubauer 2018)

Die Lebensmittel werden gespendet, die Küchenteams kommen aus wechselnden Restaurants und arbeiten ehrenamtlich. Die Bezahlung des Menüs bleibt im eigenen Ermessen – wer kann, zahlt etwas. Das tun etwa 30 Prozent der Gäste. Aber darum geht es nicht. Virginia, die als ehrenamtliche Bedienung arbeitet, drückt es so aus: »Wir bieten Nahrung für ihre Seelen.« Und Gründer Loosley fügt hinzu: »Die Gratismahlzeit lockt die Menschen zu *Everybody Eats*. Wenn ich sie aber frage, warum sie zurückkommen, erwähnen sie das Essen gar nicht. Sie sprechen davon, wie wohl sie sich fühlen, wie gastfreundlich sie behandelt werden.« Die Gemeinschaft bei Tisch schafft Resonanz – und Räume der Menschenwürde.

Deutschland spricht – eine Aktion von Spiegel, Zeit und neun weiteren deutschen Medien 2018[48]

Am 23. September 2018 um 15 Uhr geht es los. Landesweit haben sich aus über 20 000 Interessierten 4325 Gesprächspaare gefunden. Anlass ist ein Aufruf der kooperierenden Medien: »Wann haben Sie zuletzt mit jemandem gesprochen, der ganz andere Ansichten hatte als Sie?« 8650 Bürgerinnen und Bürger lassen sich durch diese Frage inspirieren und zum Gespräch einladen. Die Menschen zeigen mit dieser großartigen Reaktion, dass sie nicht nur Lesende sein, sondern auch mitmachen wollen und sich als Teil einer praktisch handelnden

Gemeinschaft sehen. Inspiriert durch einen Fragenkatalog zu Themen wie #MeToo, Trump & Co und anderen gesellschaftlichen Themen, ausgewertet und eingeteilt von einer Computersoftware, beginnen die Gespräche.

Die Auswertung ergibt, dass sich die Initiative auf jeden Fall lohnt.

Man kann beobachten, dass Menschen in der konkreten Begegnung viel behutsamer miteinander umgehen, als wenn sie per Bildschirm kommunizieren.

Interessanterweise bilden die Übereinstimmungen die Mehrheit, wo doch eigentlich die Konfrontation, der gelebte Dissens und seine Bewältigung, im Vordergrund stehen sollte. Deshalb überlegt das Leitungsteam, die Gesprächsinitiative unter anderen inhaltlichen Rubriken wie Alter, Bildungsgrad und Geschlecht fortzusetzen. »Wir waren einfach zu lieb zueinander. Das mag an der Freude über das neue Begegnen an sich gelegen haben ...«, geben viele Teilnehmende zu Protokoll. Spannend die Auswertung von Marcus Bornheim, stellvertretender Chefredakteur von ARD-aktuell[49]: Der größte Gegensatz besteht wider Erwarten nicht in der Unterschiedlichkeit der politischen Meinungen: Vielmehr sind Alter und Geschlecht die Aspekte, die weitaus trennendere Eigenschaften haben. Insofern freuen wir uns besonders über das gelungene Gespräch zwischen Josefine Meibert und Helmut Neunzert (siehe oben!) im Vorfeld dieser deutschlandweiten Aktion. Da lagen wir wohl nicht ganz falsch. Wir halten dieses Format für sehr vielversprechend. In die Gesprächskultur wirkt *Deutschland spricht* schon jetzt hinein.

Geist ist großartig: Stefan Kleins Wissenschaftsgespräche

»Schönheit ist lebensnotwendig. Der Neurobiologe Semir Zeki hat herausgefunden, was im Gehirn vor sich geht, wenn wir Schönes wahrnehmen. Ein Gespräch über Ästhetik, die Liebe und den Versuch, beides zu verstehen«[50] – wie sollte man da keine Lust bekommen, weiter zu stöbern?

An dem Physiker und Philosophen, Journalisten und Autor Stefan Klein ist ein Sternekoch verloren gegangen; allerdings haben wir ihn nicht gefragt, ob er gern in der Küche steht. Es wäre eine Küche der sinnvollen Gegensätze, mit sensibler Temperatur verbunden zu Vorspeisen, Hauptgängen und köstlichen Desserts. Stefan Klein verbindet in seinem Journalismus nahezu Unvereinbares: die hohe Schule der Fachwissenschaft mit den Fragen einer breiten bürgerlichen Mehrheit, gestellt nicht aus dem Labor, sondern aus dem praktischen Leben in seinen verschiedensten Perspektiven – wie es anders eigentlich nicht gehen kann, aber nur selten realisiert wird.

Der intelligente Big Talk über alle möglichen Grenzen hinweg ist ein ebenso ambitioniertes wie wertvolles Ansinnen. Es verhindert die Verselbstständigung der Fachwissenschaften gegenüber der Gesellschaft. Eine solche Vernetzung gelingt Stefan Klein in beeindruckenden Begegnungen mit Fachfrauen und -männern. Wir, die wir diese Begegnungen im Nachhinein lesend nachvollziehen können, brauchen genau das für unsere persönliche Kompetenz und Mündigkeit: damit wir mitreden und -denken können.

Bart Somers: Gespräche sind politisch. Ein Beispiel aus dem politischen Alltag Europas

»Wir reden zu viel *über* die Menschen und zu wenig *mit* ihnen«, sagt Bart Somers, Bürgermeister von Mechelen in Belgien. Einer Stadt, auf die früher kein Politprofi mehr Lust hatte: Zu stark waren die Gegensätze zwischen Arm und Reich, zu überbordend die Probleme mit Migranten, öffentlicher Sicherheit, Kultur- und Glaubenskämpfen und Vandalismus. Dann übernimmt Somers im Jahr 2001 das Ruder. Inzwischen darf er sich »Bester Bürgermeister der Welt 2017«[51] nennen – und mehr als stolz auf das sein, was die Bürgerinnen und Bürger von Mechelen mit ihm und seinen Teams inzwischen erreicht haben (Somers 2018). Wie schafft Somers das, in einer Stadt mit Bürgerinnen und Bürgern aus 128 Nationen (von denen 20 Prozent muslimischen Glaubens sind)? Indem er sich für die folgenden Punkte in ungezählten Gesprächen und Aktionen so lange stark macht, bis ein Umdenken der Menschen erfolgt.

Gendergerechtigkeit: Somers nennt sie »ein fundamentales Prinzip unserer Gesellschaft, das zu den universellen Rechten eines jeden Menschen gehört. Kulturelle und lebensanschauliche Überzeugungen können dieses Recht nicht antasten und müssen weichen, wenn es auf den Respekt vor der Gleichheit von Frau und Mann ankommt« (Somers 2018, S. 182).[52]

Aufarbeitung der Geschichte und eine aktive Bürgerschaft: In Mechelen gibt es historisch gewachsene Themen, die die Stadt prägen: die bis heute wirksamen Folgen des Zweiten Weltkriegs, ab 1945 die Herausbildung Europas und Belgiens Rolle darin, die Wende in Deutschland 1989, 9/11 im Jahr 2001, außerdem die oben erwähnten aktuellen Umstände. Wer darüber ins Gespräch kommt, ist nicht länger passive Bürgerin oder passiver Bürger. Die Mechelner fühlen sich persönlich betroffen. Die Stadt wird immer mehr zu *ihrer* Stadt. Ohnmacht verwandelt sich in die Bereitschaft, hinzusehen und Unbehaglichem nicht länger aus dem Weg zu gehen. Teams fangen die bisherigen Ängste der Vereinzelten auf. Sie bieten Dialoge und aktive Beteiligung an und führen zu neuen Initiativen für die öffentliche Sicherheit. Mit Erfolg! (Somers 2018, S. 111 f.)

Die Glaubwürdigkeit des Rechtsstaats wiederherstellen: Von Somers kann man lernen, dass Radikalismus nicht mit Sondereinsatzkräften und schweren Waffen bekämpft werden muss. Man muss vielmehr zu den Menschen in ihre Stadtteile gehen, mit ihnen sprechen, sie zu verstehen versuchen und Alternativen zu ihren oft aussichtslosen Lebensbedingungen erarbeiten. Und sie in diese Alternativen praktisch so weit wie möglich miteinbeziehen (Somers 2018, S. 49). So wird aus manchem jugendlichen Straftäter ein aktiver Restaurator, der sich plötzlich mit seiner Stadt wieder identifiziert.

Flandern ist farbig – Plädoyer für die Inklusion: Wir sollten nicht in den »Rückspiegel« schauen, wenn es um unsere Zukunft geht. »Ein gewöhnlicher Spiegel ist schon ein großer Schritt in die richtige Richtung« (Somers 2018, S. 93). Somers betont, dass Europa längst eine multinationale Gesellschaft geworden ist und dass die Chancen dieser Entwicklung weitaus größer sind als ihre Risiken. Man kann sich leicht vorstellen, wie diese Ansicht zwischen den Generationen und Meinungsgräben für zündenden Gesprächsstoff sorgt. Den Dialog versteht Somers dabei als einen Prozess, der immer weiter zu führen ist. Eine Gesellschaft, die so im Gespräch bleibt, lebt achtsam, sich selbst gegenüber ebenso wie gegenüber anderen Gesellschaften und ihren Kulturen: ein Schutz gegen Radikalisierungen und Faschismus.

All dies und sehr vieles mehr verdankt Somers der gestaltenden Kraft des persönlichen Gesprächs. Die wirkt im vertraulichen Dialog zweier Menschen in der gleichen Weise, wie sie, zum Beispiel in der hier vorgestellten politischen Arbeit, in die ganze Welt ausstrahlt.

Anhang

Anmerkungen

1 Alle Namen haben wir verändert.
2 Dies ist ein Buch für Erwachsene. Die Kommunikation mit Kindern ist ein eigenes Buch wert. Wir verweisen aber an dieser Stelle begeistert auf *Lieschen Radieschen* von Martin Auer und Axel Scheffler – dem besten Einführungskurs in kindgerechte Kommunikation: »… und Omi sieht gar nicht gern, wenn du das Buch nicht liest!«
3 Die Studie ist in Vaillant (2012) ausführlich beschrieben. In deutscher Sprache gibt es ein gutes Spiegel-Interview aus demselben Jahr, das Sie hier finden: http://t1p.de/Grant-Studie.
4 Wenn Sie nachlesen wollen: Es handelt sich um die Terman-Studie, auf Deutsch leicht zugänglich bei Friedman und Martin (2012).
5 Natürlich ist in einer Gehaltsverhandlung die Beziehungsebene ebenfalls wichtig. Nicht sie steht aber im Vordergrund, sondern das Gehalt.
6 Es gibt, wenn wir genau hinsehen, weitere Ebenen und Unterteilungen. Wir bleiben aus Gründen der Übersicht bei vier Registern, die Sie unkompliziert unterscheiden können.
7 Für diesen Effekt gibt es allerdings eine Bedingung: Die Personen, die über den Regelbrecher tratschen könnten, müssen ihm wichtig sein. Nur dann kann ihm das Gespräch in seiner emotionalen Einschätzung schaden.
8 So der Psychologe Robin Dunbar von der Oxford University (zitiert in Hummel 2018). Dunbar hat diesen hohen Anteil in mehreren Studien ausgezählt, so Hummel.
9 Diese Kombination ist für die amerikanische Studentin Kalina Silverman das, was sie unter Big Talk versteht. Siehe www.makebigtalk.com. Silvermans TEDx-Talk zum Thema finden Sie im Anhang.

10 Wenn Sie ein konkretes Verständnis für die Zeitstruktur in rund 60 verschiedenen Kulturen bekommen wollen, empfehlen wir das (leider nur in englischer Sprache verfügbare) Buch von Morrison & Conaway (2006): Dies ist ein sehr pragmatischer interkultureller Führer, der zu gelungenen Begegnungen führen will – und in dem die Zeit einen angemessenen Platz hat.
11 Zitiert nach Keltner 2009, S. 249; eigene Übersetzung.
12 Die Resonanz ist für sich allein ein Thema für ein umfangreiches Buch. Und das hat Hartmut Rosa bereits geschrieben: Resonanz. Eine Soziologie der Weltbeziehung (2016).
13 Aber vielleicht gehört diese Erfahrung – immerhin ist die Digitalisierung eine Kulturrevolution – einfach dazu: damit wir auf ihr in einer neuen Weise aufbauen können.
14 Wir verwenden die Begriffe »Emotion« und »Gefühl« synonym.
15 Häusels Buch ist inzwischen ein Klassiker der Managementliteratur. Sie finden in ihm interessante Ausführungen zum Einfluss der verschiedenen Ausprägungen der Instruktionen auf Bereiche wie Motivation, Marketing und Führungsaufgaben – also auf Bereiche, die hier nicht im Zentrum stehen.
16 Häusel unterscheidet nur drei Hirnareale im limbischen System: Dominanz, Stimulanz und Balance. Seine aus ihnen abgeleitete Systematik enthält jedoch auch die Harmonie. Da diese für unser Thema wichtig ist, führen wir sie hier gleichberechtigt an.
17 Harmonie ist ein soziales Emotionssystem, das eng mit der Instruktion der Balance verbunden ist. Es ist für Gespräche so wichtig, dass wir es wie Häusel auch neben die drei Systeme setzen, die eine anatomische Entsprechung im Hirn haben.
18 Genauer nachlesen können Sie das zum Beispiel hier: https://www.haeusel.com/wp-content/uploads/2016/03/Tatendrang20_ThinkLimbic_110531.pdf.
19 Small Talk, Personal Talk, Klatsch und Big Talk. ☺
20 Balance, Dominanz, Harmonie, Stimulanz. Siehe oben!
21 Wenn Sie herausfinden wollen, ob Sie ein leiser Mensch sind, machen Sie am besten den Test auf Sylvias Website: https://www.intros-extros.com/online-test/. Er ist völlig anonym.
22 Genauer nachlesen können Sie die Unterschiede zwischen Intro- und Extrovertierten in den Büchern der Leisen Trilogie: Löhken (2012, 2014 und 2017).
23 Wenn Sie dieses Thema interessiert, finden Sie hier einen sehr guten

Artikel zum Stand der Forschung: https://www.welt.de/kmpkt/article 160136400/Darum-sprichst-du-staendig-mit-dir-selbst.html.

24 Wenn Sie lieber ein Video sehen anstatt nachlesen wollen: Hier ist Sherry Turkles TED-Talk mitsamt deutscher Übersetzung. https://www.ted.com/talks/sherry_turkle_alone_together?language=de.

25 Zum Nachlesen, auch online: Neubauer (2018). Sie werden der Initiative im dritten Teil des Buches über die Praxis des Gesprächs heute noch einmal begegnen.

26 Das Original finden Sie bei Böll (2006, S. 447–450).

27 Das Original finden Sie bei Kishon (1999, S. 161).

28 Das vollständige Interview finden Sie in einem Spiegel-Plus-Artikel von Jörg Blech, Wie sich Operationen vermeiden lassen, http://www.spiegel.de/plus/schmerzen-in-ruecken-schulter-knie-wie-sich-operationen-vermeiden-lassen-a-00000000-0002-0001-0000-000160834497.

29 Wenn Sie sich diese Zusammenhänge genauer erschließen wollen, empfehlen wir Ihnen besonders Martin Buber (1979, S. 12, 19) und Carl Rogers (1973, S. 62 f.).

30 Unsere Vorschläge: Lenken Sie die Aufmerksamkeit Ihres oder Ihrer leidenden Liebsten von den Atemwegen weg zu etwas Interessanterem. Je nach bevorzugter Perspektive Ihres Gegenübers können Sie vorschlagen: eine heiße Suppe, eine heiße Nacht, eine heiße Neuigkeit …

31 Unsere Vorschläge: »Aber gern, mein Ritter, wann darf ich ihn dir denn heil wiederbringen?« Oder: »Der Computer gehört *wem*?« Oder: »Frag mich mal nach meinem Tag!«

32 Unser Vorschlag ist inspiriert von Michael Rossié; das Video ist leider nicht mehr verfügbar: »Oh, sagen Sie, haben Sie das immer?« »Was, ähm, ›immer‹?« Sie warten einen Moment, dann schlagen Sie zu: »Na ja, ich meine das Zucken unter Ihrem linken Auge.« (Es ist völlig egal, ob sie wirklich zuckt oder nicht – Sie werden sie damit von ihrer Arroganz befreien!)

33 Variante 1: »Aber das stimmt doch gar nicht, du siehst super aus.« (Diese Perspektive wird Ihr Gegenüber nicht teilen!) Variante 2: »Na ja, schwabbelt schon so'n bisschen. Kaufste dir halt 'ne Nummer größer.« (Auch hier ist eine andere Perspektive garantiert!) Variante 3: »Du, so schlecht ist sie doch gar nicht. Und überhaupt, bei unserem Arbeitspensum ist das Leben viel zu kurz, um sich über irgendwelche Stoffschläuche zu ärgern. Ich habe übrigens für heute Abend einen Tisch bei unserem Lieblingsitaliener reserviert!«

34 Der Begriff stammt von dem Psychiater Erich Wulff und wurde von Manfred Lütz wieder aufgegriffen.

35 Für Neugierige: Alle Studien zu diesen Annahmen können Sie unter Kashdan (2018) einsehen. Als Psychologe zeigt er auch dunkle Seiten der Neugier – etwa Unruhe und Anspannung, wenn sich Wissenslücken auftun. Diese Seiten bleiben hier außen vor. – Svenja Hofert hat einen schönen Blogbeitrag zur Wichtigkeit der Neugier für den Unternehmenserfolg veröffentlicht: https://teamworks-gmbh.de/warum-neugier-der-treibstoff-fuer-unseren-erfolg-in-der-zukunft-ist-und-wie-man-sie-misst/.

36 Für Neugierige: Näheres zu Introvertierten finden Sie unter Löhken (2012, 2014 und 2017). Ein sehr gutes Buch über Schüchternheit bekommen Sie mit Werner (2012).

37 Wir übernehmen diese Aussage von Bart Somers (2018). Somers ist Bürgermeister des belgischen Mechelen. Nach Jahren der Verwahrlosung der Stadt und hoher Kriminalitätsraten schaffte Somers es, sie mit einer Mischung aus klarer Linie und multikultureller Ausrichtung wieder zu einem Gemeinwesen – mit Zusammenhalt! – zu machen und die Kriminalitätsrate stark zu senken. 2017 wurde Somers von der City Mayors Foundation zum »Besten Bürgermeister der Welt« gewählt. Sie werden Bart Somers im dritten Teil des Buches wiederbegegnen. Eine ähnliche Haltung wie Somers vertrat bereits Martin Buber (1979, S. 264).

38 Dieser Rückfall kann gesamtgesellschaftlich zu großen Problemen führen. Stellen Sie sich eine Gemeinschaft vor, die nicht in der Lage ist, auf eine andere Kultur offen zuzugehen, sondern die nach der Devise lebt: »Kennen wir nicht. Macht uns Unbehagen und Angst. Können wir uns nicht hineinversetzen. Wollen wir nicht.« Eine solche Gesellschaft wird leicht verführbar, denkt man sich einen entsprechenden sozialen und wirtschaftlichen Druck dazu …

39 Csíkszentmihályi (2017) zeigt dazu den soziologischen Hintergrund.

40 Wenn Sie Näheres über Körpersprache und Stimme erfahren wollen, gibt es eine große Auswahl an Literatur. Wir empfehlen Molcho (2006), Spies (2010) und Cuddy (2016).

41 Den Hintergrund dazu finden Sie bei Bieri (2001, S. 242 ff.).

42 Vgl. dazu ausführlich Hüther (2018, S. 115).

43 Wir halten uns an die Bestimmungen der Datenschutzgrundverordnung. Sie können Sie hier nachlesen: https://www.intros-extros.com/footer-menu/datenschutz/.

44 Wenn Sie selbst nachlesen wollen: Im Literaturverzeichnis haben wir Rosling (2018) aufgeführt.

45 Den geschichtlichen Hintergrund der Salons finden Sie bei Thomas (2012) ausgezeichnet beschrieben.

46 Produzent: Mario Hann; Buch und Regie: Joachim Dennhardt.

47 Alle Zitate sind dem Artikel von Gerster (2019) entnommen.

48 Spiegel online, http://www.spiegel.de/panorama/gesellschaft/deutschland-spricht-so-liefen-treffen-der-teilnehmer-a-1229186.html.

49 Im Interview mit Jan Hofer, ARD Tagesschau vom 24.9.2018, https://www.tagesschau.de/inland/deutschland-spricht-bornheim-101.html.

50 Stefan Klein: Schönheit ist lebensnotwendig, Wissenschaftsgespräch Nr. 33, in: Zeit-Magazin, 3.1.2019, Hamburg 2019, S. 29–34.

51 Gewählt von der City Mayors Foundation.

52 Einen guten Hintergrund für dieses Thema finden Sie bei Sander (2017, S. 175 ff.).

Literatur

Auer, Martin und Axel Scheffler: Lieschen Radieschen und der Lämmergeier. Weinheim, Basel: Beltz 1999

Bieri, Peter: Das Handwerk der Freiheit. München: Hanser 2001

Böll, Heinrich: Erzählungen. Hrsg. von Jochen Schubert. Köln: Kiepenheuer & Witsch 2006

Brach, Tara: Mit dem Herzen eines Buddha. Heilende Wege zu Selbstakzeptanz und Lebensfreude. München: O.W. Barth 2013

Brooks, David: Das soziale Tier. München: Deutsche Verlags-Anstalt 2012

Brown, Brené: Verletzlichkeit macht stark. Wie wir unsere Schutzmechanismen aufgeben und innerlich reich werden. München: Kailash 2013

Buber, Martin: Das dialogische Prinzip. 4. Auflage. Heidelberg: Lambert Schneider 1979

Corssen, Jens und Christiane Tramitz: Ich und die anderen. München: Knaur 2014

Csíkszentmihályi, Mihály: Flow. Das Geheimnis des Glücks. Stuttgart: Klett-Cotta 2017

Cuddy, Amy: Dein Körper spricht für dich. München: Mosaik 2016

Friedman, Howard und Leslie Martin: Die Long-Life Formel. Die wahren Gründe für ein langes und glückliches Leben. Weinheim, Basel: Beltz 2012

Gerster, Livia: Das Ossi-Wessi-Experiment. In: Frankfurter Allgemeine Sonntagszeitung, Nr. 2, 13.1.2019, S. 6

Grant, Adam: Geben und Nehmen. Warum Egoisten nicht immer gewinnen und hilfsbereite Menschen weiterkommen. München: Droemer 2016

Harari, Yuval Noah: Eine kurze Geschichte der Menschheit. München: Deutsche Verlags-Anstalt 2014

Häusel, Hans-Georg: Think Limbic! 5. Auflage. Planegg: Haufe 2014

Heilmann, Monika: Win-win-Gespräche. Gelassen reden, selbstsicher auftreten, Konflikte vermeiden. Göttingen: Business Village 2012

Hummel, Katrin: Sie werden nicht glauben, was ich gehört habe. In: Frankfurter Allgemeine Sonntagszeitung, Nr. 52, 30.12.2018, S. 12

Hüther, Gerald: Würde. München: Knaus 2018

Hüther, Gerald: Was wir sind und was wir sein können. Ein neurobiologischer Mutmacher. Frankfurt am Main: Fischer Taschenbuch 2013
Hüther, Gerald und Peter Endres: Lernlust. Hamburg: Murmann 2014
Kahneman, Daniel: Schnelles Denken – langsames Denken. München: Siedler 2012
Kashdan, Todd B.: What Are the Five Dimensions of Curiosity? In: Psychology Today online, Jan. 2018. Online zugänglich unter https://www.psychologytoday.com/us/blog/curious/201801/what-are-the-five-dimensions-curiosity
Keltner, Dacher: Born to Be Good. The Science of a Meaningful Life. New York, London: W.W. Norton 2009
Kishon, Ephraim: Alle Satiren. München: Langen Müller 1999
Koulen, Michael H.: Go. Die Mitte des Himmels. 5. Auflage. Hamburg: Hebsacker 2006
Lenz, Siegfried: Deutschstunde. München: dtv 2006
Levine, Robert: Eine Landkarte der Zeit. München, Zürich: Pieper 2003
Liedloff, Jean: Auf der Suche nach dem verlorenen Glück. 18. Auflage. München: C.H. Beck 2009
Löhken, Sylvia: Leise Menschen – gutes Leben. Das Entwicklungsbuch für introvertierte Persönlichkeiten. Offenbach: GABAL 2017 (auch als Hörbuch)
Löhken, Sylvia: Intros und Extros. Wie sie miteinander umgehen und voneinander profitieren. Offenbach: GABAL 2014 (auch als Hörbuch)
Löhken, Sylvia: Leise Menschen – starke Wirkung. Wie Sie Präsenz zeigen und Gehör finden. Offenbach: GABAL 2012 (auch als Hörbuch)
Meadows, Donella und Dennis: Die neuen Grenzen des Wachstums. Reinbek bei Hamburg: Rowohlt 1993
Miller, Stephen: Conversation. A History of a Declining Art. New Haven, London: Yale University Press 2006
Molcho, Samy: Das ABC der Körpersprache. München: Ariston 2006
Morris, Desmond: Der nackte Affe. München: Droemer 1968
Morrison, Terri und Wayne A. Conaway: Kiss, Bow or Shake Hands. The Bestselling Guide to Doing Business in More Than 60 Countries. Avon, MA: Adams 2006
Neubauer, Doris: Nahrung für die Seele. In: Frankfurter Allgemeine Sonntagszeitung, Nr. 37, 16.9.2018, S. 13. Online zugänglich unter

https://www.faz.net/aktuell/gesellschaft/menschen/initiative-everybody-eats-obdachlose-und-banker-an-einem-tisch-15788459.html
Peters, Tom: Und setzte Wort für Wort. Gedichte. Unveröffentlichtes Manuskript 2016
Rogers, Carl R.: Therapeut und Klient. 22. Auflage. Frankfurt am Main: Fischer 2013
Rogers, Carl R.: Entwicklung der Persönlichkeit. Stuttgart: Klett 1973
Rosa, Hartmut: Resonanz. Eine Soziologie der Weltbeziehung. Berlin: Suhrkamp 2016
Rosling, Hans: Factfulness. Wie wir lernen, die Welt zu sehen, wie sie wirklich ist. 10. Auflage. Berlin: Ullstein 2018
Ruiz, Don Miguel: Die vier Versprechen. Berlin: Allegria 2012
Rüther, Tobias: Im Takt der Stadt. In: Frankfurter Allgemeine Sonntagszeitung, Nr. 28, 15.7.2018, S. 63
Sander, Helke: Die Entstehung der Geschlechterhierarchie. Berlin: Zukunft & Gesellschaft 2017
Somers, Bart: Zusammen leben. München: C.H. Beck 2018
Spies, Stefan: Der Gedanke lenkt den Körper. Hamburg: Hoffmann und Campe 2010
Stavros, Jackie und Cheri Torres: Conversations Worth Having. Oakland, CA: Berrett-Koehler 2018
Storch, Maja: Das Geheimnis kluger Entscheidungen. München: Goldmann 2008
Thiele, Albert: Argumentieren unter Stress. 13. Auflage. München: dtv 2016
Thomas, Chantal: Die Kunst der Konversation. Göttingen: Steidl 2012
Turkle, Sherry: Reclaiming Conversation. The Power of Talk in a Digital Age. New York: Penguin Books 2015
Vaillant, George E.: Triumphs of Experience. The Men of the Harvard Grant Study. Harvard, MA: The Belknap Press 2012
Weisbach, Christian-Rainer: Professionelle Gesprächsführung. 5. Auflage. München: C.H. Beck 2001
Welzer, Harald: Das kommunikative Gedächtnis. 4. Auflage. München: C.H. Beck 2017
Werner, Florian: Schüchtern. Bekenntnis zu einer unterschätzten Eigenschaft. Zürich: Nagel & Kimche 2012

Whyte, David: The Questions that Have No Right to Go Away. In: Huffington Post, 18.6.2012. Online zugänglich unter https://www.huffingtonpost.com/2012/06/14/the-questions-that-have-n_n_1596931.html

Zeldin, Theodore: Der Rede Wert. Wie ein gutes Gespräch Ihr Leben bereichert. München: Malik 1999

Zeldin, Theodore: Eine intime Geschichte der Menschheit. München: Deutsche Verlags-Anstalt 1997

Online-Ressourcen

Deutschland spricht
Spiegel online: http://www.spiegel.de/panorama/gesellschaft/deutschland-spricht-so-liefen-treffen-der-teilnehmer-a-1229186.html
Tagesschau: https://www.tagesschau.de/inland/deutschland-spricht-bornheim-101.html

Headlee, Celeste: 10 Ways to Have a Better Conversation / 10 Wege zu einem besseren Gespräch
TED-Talk, Mai 2015 (Englisch mit deutschen Untertiteln): https://www.ted.com/talks/celeste_headlee_10_ways_to_have_a_better_conversation/transcript

Rätsch, Christian: »Lasst die Finger vom Haschisch!«
Der Drogenguru in einem SPIEGEL-TV-Interview mit Katja Döhne. Ein anschauliches Beispiel für eine Begegnung im Gespräch über viele Grenzen hinweg – Alter, Tempo, Mentalität, Interessen … Und was daraus entstehen kann. http://www.spiegel.de/video/drogenpapst-christian-raetsch-video-99012381.html

Silverman, Kalina: How to Skip the Small Talk and Connect With Anyone
TEDx-Talk Westminster College, Februar 2016: https://www.youtube.com/watch?v=WDbxqM4Oy1Y

Turkle, Sherry: Connected, but Alone? / Verbunden und doch allein?
TED-Talk, April 2012 (Englisch mit deutschen Untertiteln): https://www.ted.com/talks/sherry_turkle_alone_together/transcript?language=de

Whyte, David: A lyrical bridge between past, present, and future / Poesie, die Vergangenheit, Gegenwart und Zukunft verbindet
TED-Talk, August 2017 (Englisch mit deutschen Untertiteln): https://www.ted.com/talks/david_whyte_a_lyrical_bridge_between_past_present_and_future/transcript?language=de

Bildnachweis

S. 16: onde, Chinatusche auf Karton (Waldtaubenfeder), 2017, Tom Peters

S. 41: Nachen, Kohle, Holzdruckpresstechnik, 2014, Tom Peters

S. 42: Das Shu, Tuschgrafik, 2016, Tom Peters

S. 61: Mann, Kohle, Holzdruckpresstechnik, 2014, Tom Peters

S. 62: Frau, Aquarell, Öl, Lack, 2017,
überarbeitet für den Schwarz-Weiß-Druck, Tom Peters

S. 90, 104, 107: Akt, Aquarell auf Karton, 2017, Tom Peters

S. 108: Through, Mischtechnik, 2017,
überarbeitet für den Schwarz-Weiß-Druck, Tom Peters

S. 137: Soundspektrum – Seeufer, Kohle, 2016, Tom Peters

S. 138: Paar mit Hund, Aquarell, 2017,
überarbeitet für den Schwarz-Weiß-Druck, Tom Peters

S. 156: miteinander, Chinatusche und Öl, 2019, Tom Peters

S. 159: Dialoge, Mischtechnik, 2018, Tom Peters

S. 160, 164, 165, 171: Josefine Meibert und Prof. Dr. Helmut Neunzert,
Fotos, 2018, Dr. Sylvia Löhken

S. 174: Möwen im Gespräch, Reykjavik, 2018, Tom Peters

Register

Die Autoren

Dr. Sylvia Löhken
Sylvia ist einem breiten Publikum als Expertin für intro- und extrovertierte Kommunikation bekannt. Sie hilft Menschen, sich selbst und andere besser zu verstehen und mit dem, was sie sind, erfolgreich zu sein: an Hochschulen und Forschungsinstituten, in Führungsetagen und auf Kongressen, in Konferenzräumen und im Zusammenleben mit anderen. Ihre Ausgangsfrage ist: Wie gestalten wir unser Leben am besten als die Persönlichkeiten, die wir sind? Das Thema Gespräche treibt Sylvia dabei schon lange um – es wurde also Zeit für dieses Buch!

Ihre Bücher über intro- und extrovertierte Kommunikation (alle bei GABAL erschienen) sind in 26 Sprachen übersetzt worden und mit über 500 000 verkauften Exemplaren internationale Bestseller. Sie trugen entscheidend dazu bei, den »anderen kleinen Unterschied« zwischen Intro- und Extrovertierten bekannt zu machen. Auch die Medienresonanz war und ist groß, bis hin zu Coverstorys im *Spiegel* und in *Psychologie heute*, Interviews in *Brigitte*, *El País* oder *Madame Figaro*, im Deutschlandradio und im NDR, im *Handelsblatt* und in *Psychologies* sowie Fernsehauftritten in ZDF und ORF.

Sylvia arbeitet mit Menschen weltweit als Coach, Trainerin und Rednerin. Zu Hause in Bonn umgibt sie sich gern mit guten Büchern, Menschen, die mehr Fragen als Antworten haben, und einem Mantel aus Ruhe.

www.intros-extros.com
twitter.com/IntrosExtros

Tom Peters

Tom hat drei Leben: das künstlerische eines Profimusikers, das seelsorgerlich-therapeutische eines ordinierten evangelischen Theologen und Pfarrers und das eines Unternehmers. Nach seinem Ersten Theologischen Staatsexamen und Studien der Philosophie und Vergleichenden Religionswissenschaften schloss Tom seine Klavier-, Orgel- und Kompositionsstudien an deutschen Musikhochschulen in Köln und Rostock ab.

Er war als Pfarrer, als Hochschuldozent und als Lehrer in der Hochbegabtenförderung tätig. 2002 folgte dann die Gründung des eigenen Unternehmens *Musikstudio Peters Bonn*, gefolgt vom *Raum für seelsorgerliches Handeln*, den Tom zwischen kirchlicher und psychologischer Praxis angesiedelt hat.

Seine künstlerische und seelsorgerliche Arbeit macht Tom zu einem vielgefragten Begleiter und Berater in Lebensfragen. Er konzertiert international mit einem breiten Repertoire in Klassik und Jazz.

www.tompeterspiano.de
www.raumfuerseelsorgerlicheshandeln.de

Die Website zum Buch finden Sie unter

begegnung-im-gespraech.de.

Sylvia Löhken und Tom Peters bieten auch gemeinsam Vorträge, Coachings und Seminare rund um die Themen Kommunikation und Persönlichkeitsbildung an. Und manchmal nehmen sie ihr Publikum mit Mischungen aus Konzert, Vortrag und Lesung in ganz andere Erfahrungswelten mit.

Stimmen zum Buch

Bewusst und klug miteinander umgehen – das gelingt selten. Mein Gegenüber angemessen erreichen: Wie schön, dieses Wissen in »Begegnung im Gespräch« anschaulich zu finden.

Dr. Kai-Henrik Barth

Partner, Active M&A Experts GmbH

Sylvia Löhken und Tom Peters beherrschen die Kunst, leicht verständlich zu machen, wie man wirkungsvoll kommuniziert. Dabei konzentrieren sie sich auf das alltägliche Miteinander der Menschen. Dort kann man guten Rat am häufigsten brauchen. Mit »Begegnung im Gespräch. Wie Sie mit Worten Beziehung gestalten« ist ihnen dieser Rat meisterhaft gelungen.

Norbert Brugger

Dezernent, Städtetag Baden-Württemberg

Sylvia Löhken und Tom Peters nähern sich der Frage, wie man Gespräche im Sinne von persönlichen Begegnungen wirklich gestalten kann, aus verschiedenen, sehr spannenden Richtungen: Wie schafft man es, den zeitlichen Raum und überhaupt die Gelegenheit für persönliche Begegnungen zu finden in einem Zeitalter von Schnelligkeit und Digitalisierung? Wie geht man mit inneren Hürden um, z. B. der Sorge, durch klar kommunizierte Haltungen auch angreifbarer zu sein, oder dem gefühlten Mangel an Energie und Zeit für ein persönliches Gespräch? Im Zentrum steht bei all diesen Überlegungen immer die Frage des Miteinander-in-Begegnung-Seins und nicht ein Instrumentalisieren des Gesprächs, »um zu überzeugen«, »um etwas zu verkaufen« oder Ähnliches. Das macht dieses Buch anders und besonders.

Dipl.-Psych. Tanja Guggenbichler

Leiterin Personalentwicklung, Wirtschaftsuniversität Wien

Löhken & Peters nehmen ihre Leser mit auf eine höchst spannende Entdeckungsreise: Wie wirkt Gespräch, wie wirken Worte und Gesten, wie wirke ich und was bewirke ich in Beziehungen? Kluge Beobachtungen, fundierte Fakten, scharfe Analysen und achtsame Übungen machen die Lektüre zu einem Erlebnis, das nachhallt und die Beziehungsgestaltung nachhaltig verändern kann.

Dr. Eva Kalbheim
Psychiaterin, Coach und Autorin, Bonn

Ein Buch, das tolle Denkanstöße gibt. Mir wurde bewusst, dass vor lauter oberflächlichem In- und Output die Lust auf wahre Gespräche oft auf der Strecke bleibt. Ich werde ein Experiment wagen!

Prof. Dr. Maria Kristina Parr
Institut für Pharmazeutische Chemie, FU Berlin

Wichtigste Erkenntnis für mich: Ein gutes Gespräch lebt vom Perspektivenwechsel! Und diese Erkenntnis wird eingebunden sowohl in hochphilosophische und wissenschaftliche Erkenntnisse als auch in merk-würdige Anekdoten der Autoren – ein kurzweiliger Einstieg in ein spannendes Thema!

Andreas Stickler
Bereichsleitung Strategie und Beratung, GFS Fundraising Solutions GmbH